HISTOIRE
DE
TOURVILLE

PAR

BESCHERELLE AINÉ.

LIMOGES,
Eugène ARDANT et C. THIBAUT,
Imprimeurs-Libraires-Éditeurs.

HISTOIRE
DE
TOURVILLE.

Normand, comme Duquesne, dont il fut le compagnon d'armes et le meilleur élève, le comte de Tourville, après la mort de ce grand homme de mer, se vit décerner, d'une voix à peu près unanime, le sceptre du commandement maritime. A une intrépidité rare, il joignait un admirable sang-froid. Il avait été de toutes les grandes luttes entre Duquesne et Ruyter, et nul n'avait mieux profité que lui aux leçons d'une pareille école. Après avoir été dans sa jeunesse un officier plein de fougue et de témérité à l'attaque, il était devenu dans son âge mûr un tacticien aussi habile que prudent; trop prudent même, au dire de quelques critiques, qui lui reprochaient de n'être pas aussi brave de tête que de cœur, et de ne pas toujours tirer tout le parti possible d'une victoire, par la crainte exagérée d'en compromettre le résultat.

Tourville, bel enfant blond, aux yeux bleus, au teint de lis et de rose, comme on disait dans le style fleuri de son temps, était né d'une complexion frêle et délicate, qui semblait tout-à-fait incompatible avec les rudes exercices de la marine. Ce fut pourtant sa première vocation, et son désir bien prononcé sur ce point détermina son père, premier gentilhomme de la chambre de Louis XIII, et premier chambellan du prince de Condé, à le faire entrer, dès l'âge de quatorze ans, dans l'ordre de Malte. On attendit, cependant, qu'il eût atteint sa dix-huitième année avant de le lancer dans la carrière, sous les auspices d'un brave capitaine, chevalier de Malte aussi, qui s'était acquis une grande renommée à faire la chasse aux Barbaresques sur la Méditerranée. Ce fut en 1661 que le jeune Tourville rejoignit à Marseille son capitaine, porteur d'une lettre de recommandation du duc de Larochefoucauld. En voyant ce beau jeune homme, ou plutôt cette demoiselle, au maintien doux et timide, d'Hocquincourt fut à la fois saisi de surprise et d'une sorte de compassion; il ne pouvait s'imaginer qu'il y eût l'étoffe d'un marin dans cette nature en apparence si faible et si féminine. Il avait grande envie de le renvoyer immédiatement à sa mère : « Que ferons-nous, répondit-il au noble protecteur de cet Adonis, que ferons-nous, sur des vaisseaux armés en course, de ce jeune homme, qui me paraît plus propre à servir les dames de la cour qu'à supporter les fatigues de la mer? »

Tourville s'embarqua néanmoins sur la frégate du brave d'Hocquincourt, qui le conduisit à Malte. Depuis son arrivée à Marseille, il s'était attaché à prendre des plus anciens matelots des leçons de manœuvre et de tout ce qui se rattachait à la science nautique, et ses maîtres avaient été émerveillés de son ardeur à s'instruire et de sa promptitude à profiter de leurs leçons. A Malte, il continua son apprentissage, et se fit remarquer par l sagesse de sa conduite et son application à tous les exercices du rude métier auquel il se destinait. D'Hocquincourt commença à revenir sur son premier jugement; mais il allait bientôt reconnaître combien son pronostic sur la vocation de l'élève qu'on lui avait confié avait été téméraire. Il était sorti sur sa frégate, qui portait trente-six canons, accompagné d'une autre frégate moins forte, commandée par le capitaine Cruvillier. Le jeune Tourville était à son bord. On rencontre deux vaisseaux algériens d'un plus fort tonnage, et qui, se prévalant de leur supériorité apparente, engagent immédiatement le combat en lâchant leurs bordées aux Français. La réponse de d'Hocquincourt fut telle, qu'ils ne virent d'autre ressource que de se précipiter à l'abordage. Ils arrivèrent tête baissée, et sautèrent comme des chacals furieux, lançant d'horribles cris, sur le pont de la frégate chrétienne. Le moment était venu pour le novice Tourville de faire son coup d'essai; ce fut un vrai coup de maître. « Maniant son sabre avec adresse, à défaut de force, dit un historien, il abattit à lui seul autant d'ennemis que presque tout le reste de l'équipage ensemble. » De ceux qui avaient sauté sur le vaisseau, pas un seul n'échappa : ils furent tués ou jetés à la mer; et cet Adonis avait éclipsé jusqu'à son capitaine lui-même. La généreuse nature du héros s'était tout-à-coup manifestée en face du danger. Son sang avait abondamment coulé par plus d'une blessure; mais il avait reçu avec bonheur et sans sourciller ce premier baptême de gloire.

Cependant cette affaire n'était qu'un prélude. Deux bâtiments tripolitains étant survenus, le combat recommence avec une ardeur nouvelle : après un feu terrible, d'Hocquincourt commande l'abordage de l'un des vaisseaux tripolitains. Tourville a sauté le premier sur le bord ennemi, entraînant à sa suite les plus intrépides : son courage décuplant sa force, il culbute tout ce qui veut lui opposer une résistance, et contraint les Turcs à mettre bas les armes. D'Hocquincourt, honteux de n'avoir pas deviné tout d'abord ce jeune lion, l'embrasse ruisselant de sueur et de sang, et le nomme lieutenant du vaisseau qu'il vient de prendre si valeureusement.

A quelques jours de là, monté sur sa prise, Tourville s'empare d'un vaisseau tunisien plus beau, plus fort que celui qu'il commandait, et il en est nommé capitaine.

Nous devons renoncer à raconter toutes les autres prouesses qui suivirent ces brillants débuts et signalèrent les courses nombreuses de ce jeune marin dans la Méditerranée, dans l'Archipel et dans la mer Adriatique, sous les ordres du duc de Beaufort, ce singulier héros de la Fronde, et toujours en compagnie du brave chevalier d'Hocquincourt. Il était à Venise, en 1666, lorsque, cédant aux instantes prières de sa mère, il se décida à rentrer en France. Quand il vint prendre congé du doge, il en reçut un bref ou diplôme, dans lequel il était qualifié de *protecteur du commerce maritime*, et d'*invincible*. Cet acte se terminait ainsi : « Et pour marque de notre estime, nous souhaitons à ce valeureux chevalier honneur et gloire dans tous les lieux où il portera ses armes. » Ce diplôme était accompagné d'une médaille avec une chaîne en or, dont il lui avait été fait présent au nom de la république.

A son retour en France, Tourville, le jeune et brillant officier, déjà vieux de cinq années de combats en mer et de nombreuses cicatrices, fut présenté à Louis XIV, qui lui fit l'accueil le plus honorable, et le nomma, quelques jours après, capitaine de vaisseau dans la marine royale. Ce fut en cette qualité qu'il fit partie, en 1669, de l'expédition conduite par les ducs de Beaufort et de Navailles, au secours de l'île de Candie assiégée par les Turcs; expédition où périt le duc de Beaufort, et qui n'eut d'autre résultat que de retarder de trois mois la capitulation de l'île.

Dans la guerre de Hollande, en 1672, il tint honorablement son rang dans la flotte française, commandée par le duc Jean d'Estrées. Il faisait partie de l'escadre de Duquesne, et se couvrit de gloire à côté de cet illustre amiral, à l'affaire du 7 juin 1672, dans la baie de

Solebay. Il ne se comporta pas avec moins de bravoure et d'éclat dans la campagne suivante; aussi fut-il signalé dans les rapports du chef de la flotte française, pendant ces deux expéditions, comme un des meilleurs officiers de la marine royale.

Il ne se démentit point dans la guerre de Messine contre les Espagnols, où il tint successivement la mer sous le chevalier de Valbelle (1674-1675), sous Duquesne et le duc de Vivonne (1675-1676).

Une frégate française étant tombée seule au milieu de dix galères espagnoles, avait été prise et conduite dans le port de Reggio. Tourville, ne voulant pas que ce trophée restât à l'ennemi, conçut le hardi dessein d'aller l'incendier sous le canon même de la place; ce qu'il exécuta en plein jour avec un succès complet. Il fut assisté dans cette audacieuse entreprise par le capitaine de Léri, et par le capitaine de brûlot Serpaut; ce dernier alla intrépidement mettre le feu à la prise des Espagnols, tandis que Tourville et Léri, embossés devant le port, tenaient en respect l'artillerie des forts.

A peu de temps de là, Vivonne étant allé faire le siége de la ville d'Agosta, sur la côte orientale de Sicile, à quelques lieues de Syracuse, Tourville obtint l'honneur d'entrer le premier dans le port à la tête de l'armée, et ce fut particulièrement à sa connaissance du lieu, à son courage et à la manière dont il fit jouer son artillerie, que l'on dut la prompte capitulation de la place (1).

A la bataille navale de Stromboli (8 janvier 1676), où Duquesne força Ruyter de lui abandonner le champ du combat, Tourville, monté sur le *Sceptre*, avait l'honneur de servir de matelot au vaisseau amiral; c'est dire assez qu'il eut une grande part aux périls comme à la gloire de cette grande journée.

Il occupait le même poste d'honneur et de danger lors du combat plus mémorable encore du Mont-Gibel (22 avril 1676), qui fut la seconde et dernière rencontre entre ces deux terribles athlètes, qui avaient noms Duquesne et Ruyter. Peut-être le coup qui abattit le héros hollandais et assura la victoire à son rival était-il parti du vaisseau que commandait Tourville.

Un mois après la mort du grand Ruyter, Vivonne prit la résolution d'aller en personne détruire dans le port de Palerme ce qui restait de la flotte hollandaise, veuve de son glorieux

(1) **Léon** Guérin, *Hist. maritime de France*, première partie, chap. XXI.

amiral. Arrivé en vue de cette ville, le 31 mai, Vivonne envoya le lendemain quatre de ses plus habiles officiers, entre autres le capitaine de Tourville, pour reconnaître les dispositions des flottes combinées d'Espagne et de Hollande, qui s'étaient rangées derrière le môle qui protége le grand port de Palerme contre les vents du large. D'après les rapports que lui firent ces quatre officiers, qui avaient heureusement accompli leur périlleuse mission, Vivonne assembla son conseil. « Tourville, dit M. Léon Guérin, s'y fit remarquer par la spontanéité de son génie militaire, la vaillance de ses conceptions, comme il devait se faire admirer un jour, à la tête des armées navales, par la prompte étendue de son coup d'œil et le rapide ensemble de ses attaques. Son avis prévalut dans le conseil. Ce n'était pas peu de chose, là où se trouvait le grand Duquesne, dont la prudente vieillesse n'aimait à rien confier à la fortune, et n'attendait la victoire que d'un courage solidement appuyé sur les plus exacts et les plus minutieux calculs. »

Ce qui résulta du plan proposé par Tourville, approuvé par Duquesne et adopté par Vivonne, ce fut la destruction à peu près totale de la flotte batave-espagnole réunie dans les eaux de Palerme.

A son retour en France (1677), notre glorieux capitaine reçut la cornette de chef d'escadre. La paix de Nimègue, conclue en 1678, lui procura quelques années de loisir, qu'il consacra utilement aux branches administratives de la marine. Il avait l'honneur de siéger avec Duquesne et Vauban dans un conseil de construction navale formé par Colbert, et qui se réunissait régulièrement à Versailles sous la présidence du ministre. Il en fut un des membres les plus actifs et les plus influents. Colbert le chargea de diriger à Versailles même, sous les yeux du roi et sous les siens, l'exécution d'une frégate dont lui, Tourville, avait proposé le modèle. Elle était d'un dessin qui raffinait sur la fabrique anglaise ; sa mâture et son assiette étaient supérieures, et l'on admirait comme elle serait légère, quoique chargée de beaucoup d'artillerie ; elle n'avait que dix mètres (trente pieds) de quille, et cependant elle était percée pour soixante pièces de canon. Cette frégate devait servir de modèle pour celles que l'on construirait à l'avenir (1).

Ce fut dans le même temps que Tourville, qui avait un grand talent de démonstration, fut chargé de donner à la cour de France le

---

(1) Léon Guérin, ouvrage cité.

spectacle d'un combat naval et d'expliquer au roi la théorie, éclairée par la pratique, de l'art où il était passé maître. « Le roi, la reine, la famille royale et tout ce que la cour avait de plus distingué, dit le biographe Richer, se rendirent dans un port de mer. Tourville, monté sur un vaisseau, leur exposa d'abord toutes les manœuvres, et fit faire aux soldats l'exercice des armes. Ensuite, représentant un combat naval, il montra la manière de monter à l'abordage. Le lendemain, deux frégates se livrèrent un combat simulé, pendant une heure, en se canonnant, et en se prenant tour à tour le vent l'une sur l'autre. Le roi observait avec le plus vif intérêt toutes les opérations que Tourville lui expliquait. Ce fut peu de temps après cette fête guerrière (1681) qu'il fut élevé au grade de lieutenant général des armées navales. »

Duquesne n'avait plus sur lui que le rang d'ancienneté. Tourville concourut à ses deux expéditions de 1682 et 1683, contre les pirates d'Alger, et ne contribua pas médiocrement au double bombardement de ce repaire d'indomptables forbans. Ce fut lui qui, après la seconde expédition, ayant été laissé en croisière sur la rade d'Alger, fut chargé d'intimer au successeur des deux Barberousse les conditions de Louis XIV.

Il fut aussi de l'expédition contre Gênes, en 1684 ; de celle du vice-amiral Jean d'Estrées contre Tripoli, en 1685 ; il dirigea l'attaque du port de cette ville, et la formidable manœuvre des galères à bombes. Là, comme toujours, il donna occasion d'admirer sa hardiesse, son courage et son habileté.

Louis XIV qui, par le traité de Nimègue, avait fait renoncer l'Angleterre à exiger de ses vaisseaux le salut au pavillon britanique, s'arrogeait pour lui-même le droit au salut de la part des nations secondaires, et notamment des Espagnols ; ce qui donnait lieu à d'incessants conflits entre nos vaisseaux et ceux de cette nation. En l'année 1688, Tourville, étant accompagné de Victor-Marie d'Estrées, fils du vice-amiral du Ponant, et de Château-Regnaud, chef d'escadre, rencontre par le travers d'Alicante le vice-amiral espagnol Papachim, qui revenait de Naples avec deux vaisseaux de première force, montés d'un nombreux équipage. Les Français avaient un vaisseau de plus, mais ils étaient plus faibles en canons et en hommes. Ils députent vers l'amiral une tartane pour lui demander le salut. Papachim, en bon Castillan, refuse avec fierté. Aussitôt

Tourville et Château-Regnaud arrivent sur son vaisseau, lui lâchent leurs bordées et le démâtent, pendant que Victor-Marie d'Estrées aborde l'autre bâtiment et s'en rend maître. Tourville, à son tour, est monté à l'abordage du vaisseau de Papachim et le fait capituler. « Je ne veux qu'une chose, dit l'amiral français, c'est que vous saluiez le pavillon du roi mon maître ; » et l'amiral espagnol se vit forcé de donner une salve de neuf coups de canon, de chacun de ses vaisseaux, au pavillon blanc fleurdelisé. Après quoi il lui fut permis d'aller dévorer son dépit et réparer ses avaries dans tel port d'Espagne qu'il lui conviendrait de choisir.

Duquesne était mort sans avoir pu obtenir la dignité de vice-amiral que nul n'avait mieux méritée que lui ; tous les regards se fixèrent sur Tourville, son meilleur élève, et le plus digne, après lui, de commander en chef les flottes de la marine royale, alors si florissante. Ce brave officier général quitta alors l'ordre de Malte, auquel il n'avait jamais été engagé par un vœu solennel et définitif. En 1689, déjà frisant de près la cinquantaine, il prit le titre de comte et se maria. « Je souhaite, lui dit Louis XIV, en signant son contrat de mariage, que vous ayez des enfants qui vous ressemblent, et qui soient, autant que vous, utiles à l'Etat. »

Jacques II, détrôné par son gendre, Guillaume d'Orange, était venu se réfugier à la cour du grand roi. Louis XIV ne se borna point à lui donner une splendide hospitalité, il se fit le champion de sa cause et entreprit de le rétablir sur le trône, en dépit du parlement, de l'armée et du peuple d'Angleterre, qui avaient fait la révolution de 1688, et qui entendaient la maintenir. Louis XIV déclara donc la guerre au nouveau roi, qui n'était à ses yeux qu'un usurpateur, par un acte officiel du 23 juin 1689. Tourville arma à cette époque, à Toulon, une flotte de vingt vaisseaux, quatre frégates, huit brûlots et quelques bâtiments de charge, avec ordre de la conduire dans l'Océan, pour se joindre à Château-Regnaud, qui armait de son côté à Brest. Ces flottes devaient s'opposer à celles d'Angleterre et de Hollande qui venaient de se réunir. La tâche imposée à Tourville était hérissée de difficultés ; il fallait passer le détroit de Gibraltar et côtoyer toute l'Espagne, dont on risquait à chaque instant de rencontrer les vaisseaux, puis déjouer le plan formé par les flottes combinées pour empêcher la jonction des Français. « Tourville, qui, selon la remarque d'un historien maritime, n'était plus dès longtemps le bouillant capitaine si prompt à l'abordage et aux coups de main presque téméraires, mais qui avait acquis toutes les prudentes qualités, toutes les ruses, toute l'expérience d'un général consommé, profita si habilement de la faveur du vent, qu'il surmonta tous les obstacles, passa à travers les flottes d'Angleterre et de Hollande, et joignit celle de Brest sans coup férir, au grand étonnement des ennemis, encore occupés à le chercher. » Il prit le commandement général de l'armée navale, qui lui revenait de droit, comme étant le plus ancien de grade. La flotte se mit en mer, ayant le ministre Seignelay à son bord, pour se porter à la rencontre des flottes alliées. Malgré le désir qu'éprouvait le ministre d'assister à une grande bataille, les anglo-bataves ayant jugé prudent de rentrer dans leurs ports, il fut impossible de les joindre; il fallut se contenter de la terreur qu'on leur avait inspirée, rentrer aussi en rade et désarmer jusqu'à la campagne prochaine. — Tourville accompagna Seignelay à Versailles, et fut nommé, le 1ᵉʳ novembre de cette même année, vice-amiral du Levant, en remplacement du fils du duc de Vivonne, qui venait de mourir, après n'avoir joui que quelques mois de la survivance de son père.

Le 23 juin 1690, Tourville sortit de Brest à la tête d'une flotte de soixante-dix vaisseaux de ligne, de quinze galères, de dix-huit brûlots et de cinq frégates légères. Château-Regnaud commandait la division d'avant-garde. Victor-Marie d'Estrées, qui avait succédé à son père dans la charge de vice-amiral du Ponant, était à l'arrière-garde. Tout ce que la marine royale comptait alors d'officiers les plus renommés était à la tête des escadres et des vaisseaux : c'étaient les lieutenants généraux d'Amfreville et Gabaret ; les chefs d'escadre de Relingue, de Coëtlogon, de Villette, de Nesmond, de Flacourt, de Pannetier et de la Porte ; des capitaines comme de Pointis, la Galissonnière, un Château-Morand, un Belle-Isle-Erard, un d'Aligre. Jean Bart y était aussi sur son *Alcyon*, de quarante canons, et le chevalier de Forbin sur le *Fidèle*, de cinquante-six. Jamais flotte plus redoutable et plus illustrement commandée n'avait promené le pavillon de la France sur l'Océan.

Plein de confiance dans sa force et dans sa bonne étoile, Tourville se porta à la rencontre de la flotte ennemie, jusqu'au-delà du Pas-de-Calais, bien qu'il eût contre lui le vent et la marée. Les deux armées se trouvèrent en présence le 9 juillet, à la hauteur de *Beachy-Head*, que nos historiens appellent *Beveziers*, sur la côte d'Angleterre, à la vue de l'île de Wight. La flotte ennemie était sous le commandement général de l'amiral anglais Herbert, qui venait d'être promu à la pairie sous le titre de comte de Torrington. L'avant-garde, toute composée de vaisseaux hollandais, était conduite par Evertzen, qui passait pour le plus brave et le plus habile officier de mer de cette nation, depuis qu'elle avait perdu Ruyter. Torrington, par déférence sans doute pour la marine batave, avait laissé à un autre amiral hollandais, Vander-Putten, le commandement du corps de bataille, et s'était réservé l'arrière-garde. Les deux flottes combinées présentaient un effectif de cinquante-neuf vaisseaux de ligne, et de cinquante-trois bâtiments inférieurs, en tout cent douze voiles.

Les deux flottes se rangèrent en deux lignes parallèles l'une à l'autre, et passèrent toute la journée du 9 à manœuvrer dans le but de se gagner le vent, que les ennemis parvinrent à conserver toujours à leur avantage. Fatigué de ces évolutions de parade, Tourville prit son parti, et fit connaître dans la nuit à ses vice-amiraux qu'il était résolu d'engager le combat à quelque prix que ce fût, même au vent des ennemis. Le soleil du lendemain trouva à son lever la flotte française en disposition de combat, et au signal donné par le vaisseau amiral, la lutte s'engagea.

« Le brave Evertzen, dit le baron de Sainte-Croix, s'abandonnant trop, força de voiles, et dépassa l'avant-garde des Français. Il se jeta au milieu d'eux, laissant un vide entre son escadre et le reste de l'armée de Herbert. Tourville profita de cette imprudence, et coupa cette avant-garde d'avec le corps de bataille. Une partie de ses vaisseaux fit tête aux Anglais, et l'autre aux Hollandais; tandis que Château-Regnaud, avec sa division que ces derniers avaient passée, se replia sur eux pour les investir. Un calme qui survint, et la longue bordée que cet officier général fut obligé de courir, ne lui permirent pas d'arriver assez tôt pour détruire entièrement l'escadre d'Evertzen, qui fit une grande faute, celle de ne pas prolonger assez sa ligne. Elle était déjà exposée au feu du corps de bataille que conduisait Tourville en personne. Ce général l'attaqua à la demi-portée du canon avec tant de vivacité, qu'elle fut presque toute *désemparée* (1) et eut plusieurs bâtiments entièrement démâtés. Elle dut plus son salut au calme

(1) On dit qu'un vaisseau est *désemparé*, lorsque, dans le combat, on a détruit ou mis en désordre son gréement,

et au *jusant* (1), qu'aux efforts d'Herbert pour la dégager. Ce dernier n'arriva qu'avec lenteur, ne soutint pas longtemps le feu de l'ennemi, et s'en tint éloigné avec toute son escadre. Celle que commandait Edouard Russel s'attacha aux plus faibles navires de l'arrière-garde française et en fit d'abord plier quelques-uns. Le chevalier de Rosmadec combattit avec le sien contre cinq vaisseaux anglais dont il soutint avec valeur tout le choc. Les autres capitaines de cette escadre, animés par l'exemple du comte d'Estrées, leur chef, repoussèrent vivement les ennemis et les forcèrent bientôt à tenir le vent. Toute leur flotte fut tellement maltraitée qu'on les vit mettre à la mer leurs chaloupes pour se remorquer. L'action avait duré huit heures, et les Français commençaient déjà à manquer de munitions.

» Dans sa retraite, Herbert se comporta en marin expérimenté, et ce fut à son habileté que les alliés durent leur salut. Après avoir demeuré quelque temps à une certaine distance de la flotte française, en assez bon ordre et avec toutes ses voiles ferlées, il s'aperçut

---

c'est-à-dire tout ce qui lui est nécessaire pour qu'il puisse mettre sous voiles, comme manœuvres (cordages), poulies, voiles.

(1) *Jusant*, reflux ou marée descendante.

qu'elle dérivait par la force des courants Aussitôt il laissa tomber ses ancres, dans l'espérance de séparer les deux armées, si celle des ennemis n'imitait pas cette manœuvre. Tourville mouilla d'abord à la demi-portée de canon de quelques vaisseaux hollandais; mais sur les dix heures, il leva l'ancre pour les poursuivre. Se trouvant chassé par la marée, il fut entraîné, pendant la nuit, loin de l'armée ennemie et d'une partie de la sienne. Cette faute, que ses officiers même lui reprochèrent, laissa aux flottes alliées le temps d'échapper à une destruction totale (1). »

Le jour du combat, douze vaisseaux de la flotte ennemie furent rasés comme des pontons, fait rare et dont Tourville se montrait d'autant plus fier qu'il avait combattu ayant le vent contre lui. Les Français ne prirent qu'un seul vaisseau hollandais de troisième rang, et ce fut M. de Nesmond qui eut les honneurs de cette capture. Dans la nuit, deux vaisseaux de la même nation, dont l'un était celui du vice-amiral, sautèrent en l'air; douze autres vaisseaux, tant anglais que hollandais, furent ensuite brûlés par l'ennemi lui-même, après qu'il les eut fait échouer sur la côte. La

(1) *Hist. de la puissance navale de l'Angleterre*, liv. IV.

perte en hommes fut considérable et double de celle des Français, qui ne perdirent aucun vaisseau, mais qui en eurent un grand nombre de désemparés. Ces avaries, conséquences inévitables d'un combat en mer, la contrariété du vent et des marées, la fatigue de ses équipages ne permirent pas à Tourville de pousser jusqu'au bout les conséquences de sa victoire. Il poursuivit cependant les deux flottes alliées jusqu'à l'entrée de la Tamise, et les aurait attaquées sous les murs mêmes de Londres, où le retour de Herbert avait jeté la consternation et la terreur, s'il n'eût pas manqué de pilotes qui connussent l'entrée de la rivière, et dont il pouvait d'autant moins se passer, que les Anglais avaient fait enlever toutes les bouées de leurs côtes. C'est cette hésitation, si naturelle et si sage d'ailleurs, que lui reprochait amèrement Seignelay, ministre hardi dans ses desseins, impétueux dans ses désirs, qui avait assigné pour but à cette campagne la ruine complète de l'Angleterre par l'incendie de ses ports et par la destruction de sa marine.

Tourville, cependant, pour donner un commencement de satisfaction au bouillant Seignelay, opéra une descente à Tingmouth, au fond de la baie de ce nom, sur la côte du

Northumberland. Dix-huit cents hommes, commandés par le comte d'Estrées, forcèrent les retranchements de l'ennemi et le mirent en fuite. Les Français s'emparèrent de trois frégates et de neuf riches bâtiments marchands, qui se trouvaient dans le port, et y mirent le feu, après en avoir enlevé l'artillerie et les marchandises.

Tandis que le roi Guillaume faisait traduire son amiral devant une cour martiale et cassait les officiers de sa flotte, Louis XIV faisait frapper une médaille pour consacrer la victoire de son armée navale et inaugurer sa conquête de l'empire maritime sur ses rivaux de la Tamise et de l'Amstel (1). « En effet, dit Voltaire, ce que Louis XIV souhaitait depuis vingt années, et ce qui avait paru si peu vraisemblable, arriva. Il eut l'empire de la mer, empire qui fut, à la vérité, de peu de durée. Les vaisseaux de guerre ennemis se cachaient devant ses flottes... Les armateurs de Saint-Malo et du nouveau port de Dunkerque s'enrichissaient, eux et l'Etat, de prises considérables. Enfin, pendant près de deux années, on ne connaissait plus sur les mers que les

_____
(1) Cette médaille portait pour légende : *Imperium maris assertum*.

vaisseaux français (1). » Tel fut le résultat de la journée de Béveziers, malgré les quelques fautes qu'avec plus de sévérité sans doute que de justice on a reprochées au vainqueur.

Quant aux affaires de Jacques II, qui avaient été l'occasion ou le prétexte de cette guerre maritime, elles en profitèrent peu ; car le lendemain même de la victoire de Béveziers, ce roi perdait en Irlande la bataille de la Boyne, malgré le courage des Français auxiliaires que commandait Lauzun. Le brave d'Hocquincourt, ce compagnon des premiers exploits maritimes de Tourville, d'Hocquincourt, qui avait quitté son vaisseau pour un régiment de cavalerie, y périt, en faisant de vains efforts pour retenir les bataillons irlandais emportés par une honteuse panique. Nous devions ici ces quelques lignes de souvenir au noble chevalier qui avait ouvert au vainqueur de Béveziers la carrière de la gloire et des honneurs maritimes.

L'année 1691 fut marquée par la campagne dite du *large*, que les hommes du métier considèrent comme le chef-d'œuvre de Tourville. Le but de cette campagne était une preuve nouvelle de l'intérêt que Louis XIV

---

(1) *Siècle de Louis XIV*, ch. xv.

portait à la cause des Stuarts, si compromise par la défaite de la Boyne ; il consistait à tenir incessamment en respect une flotte immense que Guillaume III, après son désastre de Beachy-Head, était parvenu à réunir de nouveau, dans l'espoir de ressaisir sur l'Océan la supériorité que ce désastre avait fait perdre à la marine britannique. Il importait au contraire à Louis XIV de rester maître de la mer, soit pour faire passer des secours au malheureux Jacques II, soit pour protéger la retraite de ses partisans. A cet effet, Tourville avait été chargé d'armer à Brest une flotte de soixante-sept vaisseaux de ligne, avec ordre de tenir la mer en même temps que la flotte anglo-batave, qui en comptait quatre-vingt-six. L'amiral avait pour instructions d'empêcher les ennemis d'insulter nos côtes, en évitant toutefois tout engagement dans la Manche. Sorti de Brest le 25 juin, il croisa pendant quinze jours à l'entrée de cette mer, arrêtant tous les navires qui voulaient y entrer ou en sortir. « Ayant appris, dit Sainte-Croix, que le convoi de Smyrne était arrivé sur les côtes d'Irlande, il s'approcha des Sorlingues pour donner des inquiétudes aux ennemis. Il tombe ensuite sur la flotte de la Jamaïque, la dissipe, prend son escorte et s'empare de quelques bâtiments marchands. Les autres n'échappent qu'à la faveur d'un brouillard épais. Au bruit de ces exploits, Russel, qui commandait les forces navales des confédérés, se réveille, cherche Tourville, et tâche de l'engager à un combat. Le général français le tire au large, conserve l'avantage du vent, et ne lui fournit, pendant l'espace de cinquante jours, aucune occasion de le combattre, en épiant toujours celle de l'attaquer lui-même avec avantage. L'amiral anglais, désespéré, l'abandonne, et va établir sa croisière dans les parages d'Irlande, où, assailli d'une violente tempête, il est forcé de rentrer dans ses ports avec tous ses vaisseaux désemparés, après en avoir perdu trois et quinze cents hommes d'équipage. Tourville comptait profiter de ce désastre, mais les vents s'y opposèrent : il n'arriva pas assez tôt pour enlever aux alliés une partie de leur flotte (1). »

Telle fut cette fameuse campagne du *large*, qui maintint l'empire de la mer à notre flotte, sans coûter un seul vaisseau, pas même un seul homme à la France, tint nos côtes à l'abri de toute insulte et protégea les convois d'Irlande. « Les savantes manœuvres de Tourville

(1) Baron de Sainte-Croix, *Hist. de la puissance navale de l'Angleterre*, t. III.

dans cette campagne, dit l'auteur que nous venons de citer, ont été toujours admirées des marins les plus habiles ; et les Anglais avouèrent que ce général se conduisit avec tant de vigilance, de précautions et d'habileté, qu'il rendit inutiles tous les efforts de Russel, son adversaire. » Ce dernier, qui, de son côté, avait fait preuve d'une habileté remarquable, et qui n'avait d'autre tort que de s'être trouvé aux prises avec un adversaire plus habile encore que lui, fut incriminé par la chambre des Communes, et obligé de se justifier. Il prouva qu'il avait fait tout ce qui était humainement possible pour obtenir un meilleur succès, en se conformant aux instructions qu'il avait reçues ; mais ces instructions, suivant un historien anglais, étaient si obscures et si contradictoires, qu'elles n'avaient pu que le mettre dans le plus grand embarras (1).

Nous voici arrivés à une époque à la fois glorieuse et fatale de la carrière maritime de Tourville ; nous voulons parler de cette journée de la Hogue (29 mai 1692), qui aurait pu compter pour une victoire dans les fastes de notre marine, si elle n'avait pas eu de lendemain.

(1) Campbell, *Hist. navale de l'Angleterre*, t. III.

Plus fidèle que la fortune à la cause du roi Jacques, Louis XIV avait résolu de tenter un dernier effort en faveur de ce monarque, et de le relever d'une dernière défaite qu'il avait subie sur le champ de bataille de Kilkonnel, en Irlande. Les rapports qu'adressaient d'Angleterre les partisans de ce prince peignaient le pays comme en proie au mécontentement le plus vif, et n'attendant que l'arrivée de quelques secours pour s'insurger en masse contre l'usurpateur, et acclamer d'une seule voix le roi légitime. On ne doutait pas de nombreuses défections dans l'armée et dans la flotte, dont les officiers étaient, disait-on, honteux et las de se voir supplantés en toute occasion, par les Hollandais, dans l'estime et dans la confiance de Guillaume de Nassau. Ce n'étaient là que de pures illusions.

On armait donc, à Brest et à Toulon, une flotte dont le commandement était dévolu à Tourville, et qui devait ramener en Angleterre le roi Jacques, escorté de quinze à vingt mille hommes. Guillaume III, instruit de ces dispositions menaçantes du roi de France, ne restait pas inactif de son côté, et les vaisseaux se multipliaient comme par enchantement dans ses ports. Bientôt, en réunissant les escadres de la Hollande à celles de l'Angleterre, il eut sous voiles une flotte de quatre-vingt-dix-neuf vaisseaux, portant ensemble plus de sept mille cent cinquante canons, et plus de quarante mille hommes. C'était l'armement le plus formidable qu'on eût encore vu en mer. — La flotte française devait se composer de soixante-huit bâtiments, montés en tout d'environ cinq mille quatre cents canons, et, comme nous l'avons dit plus haut, de vingt mille hommes tout au plus. Entre les mains de Tourville, ces forces pouvaient suffire pour balancer celles des confédérés; mais telle était l'impatience à Versailles, qu'on ne lui permit même pas d'attendre, pour appareiller, que son armement à Brest fut terminé, et que l'escadre que d'Estrées devait lui amener de Toulon, et qui se trouvait retardée par les vents contraires, l'eût rejoint. Tourville, sur une injonction formelle du gouvernement, sortit avec quarante-quatre vaisseaux de ligne seulement et treize brûlots, portant avec lui cet ordre écrit de la main de Louis XIV : « Allez chercher mes ennemis, et combattez-les, forts ou faibles, partout où vous les trouverez, *quoi qu'il en puisse arriver.* » L'amiral, non point par excès de prudence, mais par un juste sentiment de sa responsabilité, avait cru devoir faire quelques objections, fondées sur la connaissance qu'il avait de la jonction des deux flottes ennemies, et sur la nécessité d'attendre qu'il fût au grand complet pour aller à leur rencontre. Il avait reçu de Pontchartrain, alors ministre de la marine, cette impérieuse réponse : « Ce n'est point à vous qu'il appartient de discuter les ordres du roi ; c'est à vous de les exécuter et d'entrer dans la Manche. Mandez-moi si vous voulez le faire, sinon le roi commettra à votre place quelqu'un plus obéissant et moins circonspect que vous. » Tourville, ayant assemblé ses capitaines, leur donna lecture de cette lettre et leur dit : « Vous le voyez, Messieurs, il ne s'agit pas de délibérer, mais d'agir. Si l'on nous accuse de circonspection, du moins qu'on ne nous taxe pas de lâcheté. » Et, sans plus de réflexions, il donna l'ordre d'appareiller.

Cependant de meilleurs avis étaient arrivés à Versailles. Le complot ourdi par les jacobites avait été découvert, et tous les chefs du parti arrêtés ; les officiers de la flotte avaient dans une adresse protesté de leur fidélité, et témoigné de leur ferme volonté de mourir loyalement pour la cause du roi constitutionnel et pour la défense du pays. Le seul Russel, grand-amiral, n'avait pas signé cette adresse, regardant comme indigne de lui de se défendre contre un soupçon de trahison, et se réservant de prouver par les faits la loyauté et la droiture de ses intentions. Guillaume fit un acte de profonde politique en ne tenant aucun compte des mauvais bruits qui avaient couru à l'endroit de ce lord, et en lui laissant le commandement en chef des deux flottes.

A la réception de ces nouvelles, on expédia de Cherbourg jusqu'à dix corvettes, pour porter à Tourville la révocation de l'ordre impératif qu'il avait reçu, et l'autorisation d'attendre, avant de s'engager avec la flotte ennemie, les renforts que devaient lui amener d'Estrées, Château-Regnaud et le marquis de la Porte. Mais aucune de ces corvettes ne rencontra l'amiral, qui entra dans la Manche le 27 mai, et qui, le 29, à la pointe du jour, découvrit les ennemis à sept lieues au large, entre le cap de la Hogue et la pointe de Barfleur, sur la côte de Normandie. « L'illustre amiral, dit M. Louis Guérin, ne s'était pas attendu à se trouver en si grande disproportion de forces (quarante-quatre vaisseaux de ligne contre quatre-vingt-dix-neuf; treize brûlots contre trente-sept frégates et brûlots). Son courage n'en fut point ébranlé : il était décidé à se dévouer corps et âme à l'exécution de l'ordre qu'il avait reçu. Mais, pour qu'on ne l'accusât pas, sur la flotte, de folle présomption et d'exposer à plaisir ses vaisseaux et ses hommes à être écrasés, il assembla les officiers supérieurs en conseil de guerre, et leur montra l'ordre écrit de la propre main du roi, de combattre, *fort ou faible*. Dès-lors, il n'y eut plus qu'un cri dans le conseil : « Il faut combattre. »

La flotte française était au vent et pouvait éviter le combat. Tourville ne profita de cet avantage que pour donner le temps à ses vaisseaux de se mettre en ligne. Telle était la disposition de son armée :

L'avant-garde, au pavillon bleu et blanc, composée de quatorze vaisseaux, était commandée par le marquis d'Amfreville, monté sur le *Formidable*, de quatre-vingt-douze canons. Chefs de division : de Relingue et de Nesmond.

Tourville commandait le corps de bataille, ou l'escadre au pavillon blanc, composée de seize vaisseaux ; il était monté sur le *Soleil-Royal*, de cent six canons. Chefs de division : de Langeron et de Villette-Murçai.

Enfin l'arrière-garde, portant pavillon bleu et forte de quatorze vaisseaux, était sous les ordres de Gabaret. Chefs de division : Pannetier et de Coëtlogon.

Du côté des ennemis, l'avant-garde ou escadre *blanche*, composée de trente-six vaisseaux hollandais, avait pour chef l'amiral Allemonde ; le corps de bataille, ou escadre *rouge*, forte de trente et un vaisseaux, dont cinq de cent canons, obéissait directement au grand-amiral Edouard Russel ; l'arrière-garde, ou escadre *bleue*, était conduite par le chevalier John Ashby ; on y comptait trente-deux vaisseaux.

La flotte anglaise, ayant formé sa ligne de bataille, s'était mise en panne pour attendre les Français, qui avaient en ce moment le vent pour eux. L'action s'engagea sur les dix heures du matin (29 mai), et ce furent les Hollandais qui tirèrent les premiers coups. Nous allons emprunter le récit du baron de Sainte-Croix.

« Quand on fut à la portée du fusil, dit cet historien, l'action commença de part et d'autre, et devint d'autant plus meurtrière, qu'il survint un calme. Le brave Nesmond se fit alors remorquer et alla se mettre par le travers du premier vaisseau de la ligne ennemie. Secondé par d'Amfreville et Relingue, il empêcha ainsi l'amiral Allemonde de revirer avec sa division pour doubler l'armée française et la mettre entre deux feux. Cet inconvénient arriva, néanmoins, quelques heures après, lorsque le vent eut tourné du sud-ouest au nord-ouest, et qu'une division de l'arrière-garde, aux ordres de Pannetier, n'ayant pu encore prendre son poste, fut obligée de joindre l'avant-garde. Les Anglais, après avoir perdu quatre heures à poursuivre cet officier, vinrent tous ensemble tomber sur le corps de bataille. Chaque vaisseau français eut alors à se défendre contre plusieurs des ennemis, et fut forcé de se battre des deux bords.

» C'est dans ce moment que le chevalier de Coëtlogon se détache de l'arrière-garde et vient, en écartant les ennemis par la vivacité de son feu, se placer auprès de Tourville, son général et son ami. Celui-ci avait attaqué Russel, qui lui ripostait vigoureusement et ne lui montrait aucune disposition à baisser son pavillon devant lui.

» Un brouillard épais se lève vers les trois heures après midi ; mais Tourville ne peut en profiter pour se soustraire aux ennemis. Le calme et la marée contraire auraient fait tomber une partie de sa flotte au milieu d'eux s'il n'eût pas ordonné de mouiller. Russel n'imita point cette manœuvre et laissa dériver ses vaisseaux, qui, à la faveur du brouillard, passèrent entre ceux des Français et joignirent le corps de bataille de ces derniers, qu'ils attaquèrent avec furie. Ils lancèrent plusieurs brûlots, et, avec le secours de la marée, en amenèrent cinq presque sous le beaupré de l'amiral français. Cet intrépide général n'en fut pas effrayé ; il évita les uns d'un coup de gouvernail et dériva les autres par le moyen de ses chaloupes. — Gabaret arrive alors avec une partie de l'arrière-garde, qu'il commandait ; il s'approche de Tourville et jette l'ancre. Des vaisseaux ennemis tombent sur lui et l'obligent de couper ses câbles. L'action recommence à huit heures et continue jusqu'à dix avec assez de vivacité. La nuit seule put mettre fin à ce terrible combat, qui avait duré douze heures, et où la fortune semblait d'abord ne vouloir se déclarer pour aucun des deux partis, personne n'ayant encore amené son pavillon. »

A tout prendre, cependant, l'avantage de cette première journée, outre le grand honneur d'avoir tenu tête à l'ennemi avec des forces si inégales, l'avantage était pour les Français. « En effet, suivant l'observation d'un autre historien, ils avaient fait éprouver à l'ennemi des pertes plus grandes qu'ils n'avaient eu à en supporter eux-mêmes. Pas un vaisseau de la flotte de Tourville n'avait péri ; il n'en était même aucun qui ne fût, bien ou mal, en état de naviguer, tandis que les alliés avaient à regretter plusieurs des leurs et avaient consumé en vain presque tous leurs brûlots (1). »

Mais les jours qui suivirent cette lutte mémorable furent marqués par un enchaînement de désastres qu'il n'était donné ni à la prudence de prévenir ou d'éviter, ni au courage de conjurer. En effet, tout fit défaut à la fois à l'amiral français : le vent et la marée, qui lui furent contraires; des rades sûres dans le voisinage du combat, pour recevoir ses vaisseaux les plus maltraités; un ciel sans brume qui lui permît de promener son regard sur l'horizon et de rétablir, dans sa retraite, l'ordre et l'ensemble qu'avaient troublés les incidents du combat. Tourville était cependant parvenu à rallier autour de lui, dans la matinée du 30 mai, les quatre cinquièmes de sa flotte; mais les vaisseaux inégalement maltraités ne purent pas longtemps marcher de conserve. L'ordre avait été donné par l'amiral de gouverner pour sortir de la Manche par le raz Blanchard, passage étroit et périlleux, entre l'île d'Aurigny et la presqu'île du Cotentin. La tête de la flotte, conduite par le chef d'escadre Pannetier, parvint à franchir le raz, au nom-

(1) L. Guérin, ouvrage cité.

bre de vingt vaisseaux ; mais, la marée venant à manquer, les treize derniers, parmi lesquels se trouvait celui que montait Tourville, se virent obligés de mouiller sur un fond de roches. Au retour de la marée, les vaisseaux chassèrent sur leurs ancres (1), et la rapidité du courant les rejeta sous le vent des ennemis. Tourville prit alors le parti de se réfugier à la Hogue et d'y échouer (2). Déjà trois de ses plus gros vaisseaux en avaient fait autant à Cherbourg, qui, alors, bien que Vauban eût commencé à le fortifier, n'offrait guère un abri plus sûr que la Hogue. L'un de ces trois vaisseaux était le *Soleil-Royal*, sur lequel Tourville avait combattu l'avant-veille. Aux dix vaisseaux qui s'étaient échoués à la Hogue, vinrent s'en joindre deux autres détachés d'une division que le chef d'escadre de Nesmond parvint à faire rentrer à Brest, par un long détour, après avoir gagné la côte septentrionale de l'Ecosse.

« Les alliés, dit Sainte-Croix, avaient formé trois divisions : la première sous les ordres du

(1) On dit qu'un vaisseau *chasse sur ses ancres* lorsque la violence du vent ou d'un courant, ou la grosse mer, le force à entraîner ses ancres.

(2) *Echouer*, c'est toucher sur le fond de la mer, volontairement ou accidentellement, de manière que le vaisseau ne puisse plus flotter.

chevalier Ashby, poursuivit les bâtiments français qui venaient de passer le raz Blanchard; la seconde, commandée par Delaval, s'attacha aux vaisseaux qui s'étaient réfugiés à Cherbourg; la troisième se porta sur la Hogue. Le vice-amiral Rooke, qui conduisait cette dernière escadre, donna des preuves de son habileté et de son courage. Embarqué sur un simple canot, et à la tête d'environ deux cents chaloupes bien armées, qui étaient protégées par l'artillerie d'une frégate et de deux demi-galères, il s'avança (le 2 juin) vers la plage où l'on découvrait les principaux débris de la flotte française. Pour les défendre, on se hâta d'équiper des bateaux du pays; mais, l'ennemi arrivant au commencement du flot, ils se trouvèrent échoués; et, lorsqu'il y eut assez d'eau pour les relever, jamais il ne fut possible de faire soutenir l'aspect seul des Anglais aux équipages effrayés, composés d'enfants et de vieillards.

» Tourville, de Villette, Coëtlogon et plusieurs capitaines se mirent dans leurs chaloupes, osèrent résister à Rooke, et donnèrent par-là le temps de sauver quantité de canons et d'agrès. Bientôt il fallut céder à la force; les Anglais se portèrent avec tant d'ardeur sur les vaisseaux échoués, qu'ils parvinrent à les

aborder. « Dès que les soldats et les matelots,
» dit un écrivain de cette nation (Dalrymple),
» eurent gagné le flanc de ces navires, ils
» jetèrent leurs mousquets, poussèrent par
» trois fois de grands cris de joie et grimpèrent
» sur ces hautes machines avec leurs coutelas
» à la main, et plusieurs même sans aucune
» arme. Les uns coupaient les cordages, d'au-
» tres mettaient le feu aux vaisseaux ; quel-
» ques-uns en braquaient les canons contre
» les chaloupes, les plates-formes et les forts.
» Ils tirèrent peu sur ceux qui étaient dans
» ces bâtiments, parce qu'ils croyaient que les
» vaisseaux étaient les seuls ennemis aux-
» quels ils eussent affaire. Aussi voyait-on les
» Français sortir sans obstacle d'un côté de
» leurs navires et s'en aller dans leurs bateaux,
» tandis que les Anglais, entrant par l'autre,
» travaillaient à les détruire. Mais, ennuyés
» enfin de faire du mal en détail, les assail-
» lants se réunirent tous pour mettre le feu
» aux bâtiments français ; ensuite ils en des-
» cendirent avec les mêmes cris de joie qu'ils
» avaient poussés en les abordant. »

» Cependant la précipitation avec laquelle
les Français quittèrent leurs vaisseaux, et
l'affreux désordre qui en fut la suite, leur
coûtèrent plus de monde que la perte de la

bataille. Plusieurs, s'empressant d'entrer dans les chaloupes déjà pleines, en furent repoussés et se noyèrent; d'autres, cherchant à s'y accrocher, eurent les mains coupées; ils se virent aussitôt engloutis, la rage dans le cœur, et n'ayant que le temps de maudire leurs compatriotes. Le péril ne rendit pas tous ceux-ci barbares; mais aucun ne mérite mieux d'être cité qu'un matelot normand ; il s'appelait Billard, et était maître d'équipage de l'*Admirable* (capitaine Beaujeu), un des navires échoués. S'exposant au feu des ennemis, il alla trois fois à son bord et en ramena les gens qui s'y trouvèrent. Il sauva encore tous les hommes qu'il put ramasser à la mer. Les Anglais, s'étant aperçus de ses efforts réitérés, se respectèrent assez eux-mêmes pour ne plus tirer sur lui à son troisième voyage (1). »

L'amiral Rooke employa deux jours à consommer l'incendie des douze vaisseaux échoués à la Hogue. Le *Soleil-Royal* et un autre vaisseau de ligne furent brûlés dans la rade de Cherbourg par Delaval, qui en incendia un troisième à la Fosse de Galet, tout près de là.

Le roi Jacques fut témoin du désastre qui ruinait ses dernières espérances. A mesure

---

(1) *Hist. de la puissance navale de l'Angleterre,* liv. IV.

que les vaisseaux s'embrasaient, quelques canons, qui n'avaient pas été déchargés, partaient et envoyaient leurs projectiles du côté du rivage. Quelques boulets tuèrent plusieurs personnes autour du malheureux monarque : « Je le vois bien, s'écria-t-il, le ciel combat contre moi ; » et il se retira navré de douleur sous sa tente. Il prit la plume alors et il écrivit à Louis XIV ces paroles de désespoir et de résignation : « Je prie Votre Majesté de ne s'intéresser plus pour un prince aussi malheureux que je le suis, et d'agréer que je me retire, avec ma famille, dans quelque coin du monde où je puisse ne plus être un obstacle au cours ordinaire de vos prospérités et de vos conquêtes. » Louis XIV lui assigna la résidence royale de Saint-Germain, qu'il ne quitta plus jusqu'à sa mort.

Quant à Tourville, sa conscience lui disait que lui et tous les officiers sous ses ordres avaient fait noblement et bravement leur devoir ; il était fier d'avoir pu lutter, sans jamais plier, pendant douze heures, avec quarante-quatre vaisseaux, contre une flotte de près de cent voiles ; heureux de n'avoir laissé, même après le désastre du lendemain, aucun trophée à l'ennemi. « Je n'ai manqué, en tout ceci, écrivait-il de la Hogue même, le

3 juin, lorsque l'incendie de ses vaisseaux fumait encore, que par une trop grande ponctualité à suivre les ordres contenus dans mes instructions, et par le malheur des vents qui, m'ayant retardé de mon côté, ont facilité en même temps la jonction des ennemis. » Il eut pour lui le témoignage de ses adversaires mêmes ; car lord Russel eut assez de grandeur d'âme pour lui écrire « qu'il le félicitait sur l'extrême valeur qu'il avait montrée en l'attaquant avec tant d'intrépidité, et en combattant si vaillamment avec des forces si inégales. »

Louis XIV, qui avait la principale responsabilité de la catastrophe de la Hogue, l'accepta tout entière avec une dignité et une magnanimité toutes royales ; il mesura l'estime qu'il devait à *l'homme qui lui avait obéi à la Hogue*, ce sont ses propres expressions, moins au résultat qu'à l'habileté et au courage dont son amiral avait fait preuve dans une entreprise où l'orgueil de son maître l'avait mis aux prises avec l'impossible. La première fois qu'il revit l'illustre amiral à Versailles, il lui adressa ces flatteuses paroles : « Comte de Tourville, j'ai eu plus de joie d'apprendre qu'avec quarante-quatre de mes vaisseaux vous en aviez battu cent de mes ennemis, pendant un jour entier, que je ne me sens de chagrin de la perte que j'ai faite. » Louis XIV voulut que Tourville se trouvât compris dans la plus prochaine promotion de maréchaux, et le brave et habile marin reçut le bâton de maréchal de France au mois de mars 1693, en même temps que Catinat et Villeroi.

Du reste, on a beaucoup trop exagéré le désastre de la Hogue, en disant qu'il avait été la destruction de notre marine et avait fait perdre l'empire de la mer à Louis XIV. Notre flotte n'était pas si pauvre alors qu'elle ne pût se relever d'une perte de quinze bâtiments ; aussi voyons-nous, dès l'année qui suivit cette malheureuse affaire, l'Océan couvert de nos vaisseaux, et Tourville sortir de Brest à la tête de soixante-onze voiles, puis prendre, sur l'amiral Rooke, dans la baie de Lagos, en vue des côtes du Portugal, une terrible revanche de l'incendie de la Hogue.

Cet amiral anglais escortait, avec vingt-cinq vaisseaux de guerre de sa nation et des Provinces-Unies, la flotte marchande de Smyrne, composée, disait-on, de près de quatre cents navires, qui revenaient des mers du Levant avec de riches cargaisons, anxieusement attendues par les spéculateurs de Londres et d'Amsterdam. Il fut rencontré le 28 juin par la flotte de Tourville La lutte s'engagea, et, après cinq heures de combat, l'escorte anglaise, foudroyée, se déroba à la poursuite des Français, en leur abandonnant peu généreusement, il faut le dire, les malheureux et innombrables navires marchands qu'elle avait sous sa garde. Il est plus facile de dire que de peindre les scènes de terreur et de destruction qui suivirent ce sauve-qui-peut général de la flotte ennemie.

En fin de compte, on estima que les confédérés avaient perdu plus de cent bâtiments de toutes sortes, et une valeur commerciale de plus de trente-six millions. Ce fut une immense débâcle sur les places de Londres et d'Amsterdam. A Londres surtout, le désespoir et la fureur étaient au comble : les négociants de la Cité et la chambre des Communes ne demandaient rien moins que la tête de Rooke, et la mise en accusation des trois amiraux de la Grande-Bretagne. Cependant on trouvait, en France, que Tourville n'en avait pas fait assez : on regretta qu'il n'eût pas pris en bloc toute la flotte de Smyrne, et il ne manqua pas de tacticiens pour prouver, sur le papier, que rien n'était plus facile ! Au faîte où il était arrivé, les critiques, c'est-à-dire les envieux, ne devaient pas manquer à l'illustre amiral.

Les événements ne lui fournirent plus l'occasion d'ajouter quelque nouvelle page glorieuse à sa biographie. Les fatigues d'une carrière active de quarante années, jointes à la faiblesse naturelle de sa constitution, le forcèrent de prendre prématurément sa retraite. Il succomba, le 28 mai 1701, à ses infirmités, avant d'avoir atteint sa soixantième année. Il laissait un fils en bas âge, qui débuta de bonne heure dans la carrière où s'était illustré son glorieux père. Ses débuts donnaient les plus belles espérances ; mais il périt à sa première campagne, prouvant du moins que s'il ne lui était pas donné d'ajouter à l'illustration de son nom, il était digne de le porter.

HISTOIRE
DE
CLAUDE FORBIN.

Appartenant à une noble famille de Provence, vouée depuis longtemps à une carrière maritime, Claude de Forbin commença à servir très jeune sur les galères royales, sous les auspices d'un de ses oncles, le capitaine Forbin-Gardanne. Doué des qualités essentielles du marin, la promptitude du coup d'œil, l'audace et l'intrépidité, tout lui promettait un avancement rapide, s'il n'avait pas été trop souvent écarté du droit chemin par les emportements d'une jeunesse orageuse et dissipée. Aussi ne fut-ce qu'après plus de trente années de services signalés par mille traits de bravoure et par plus d'un succès brillant, après avoir été distancé de beaucoup par ses contemporains, que, grâce à la déconsidération que sa conduite privée fit longtemps peser sur sa personne, il lui fut enfin donné de pouvoir arborer sur son vaisseau la cornette de chef d'escadre.

A vingt-deux ans, à la suite d'un duel où il tua son adversaire, et dont la cause n'était rien moins qu'honorable, à ce qu'il paraît, il fut poursuivi criminellement et condamné à mort par le parlement d'Aix. Ce ne fut pas sans peine que sa famille, fort bien appuyée en cour, put obtenir des lettres royales de rémission. On se hâta de l'éloigner du théâtre de sa mésaventure judiciaire, en le faisant partir sur un des vaisseaux de la flotte que l'amiral Jean d'Estrées conduisit, en 1678, à la conquête de l'île de Tabago. Il servit ensuite comme enseigne sous les ordres du grand Duquesne, et prit part aux deux expéditions de cet illustre amiral contre Alger, qu'il bombarda si terriblement à quelques mois de distance, en 1682 et l'année suivante.

La belle conduite du jeune Forbin lui valut, au retour, le grade de lieutenant, et il eut immédiatement l'honneur de commander en cette qualité la frégate qui conduisit à Lisbonne le marquis de Torci, envoyé par Louis XIV pour complimenter sur son avénement au trône don Pèdre de Bragance, frère et successeur de l'imbécile Alphonse VI (1683).

Bientôt se présenta une occasion de donner au jeune officier une mission conforme à son esprit amoureux d'aventures et de nouveautés. Louis XIV, au grand contentement de la France, avait reçu à Versailles un ambassadeur du roi de Siam ; autant par politique que par politesse, il voulut rendre ambassade pour ambassade. Forbin fut chargé d'armer à Brest les deux vaisseaux qui devaient conduire dans l'Indo-Chine l'envoyé du grand roi et sa suite. Celle-ci se composait en grande partie de missionnaires auxquels le monarque très chrétien avait confié le soin de convertir à la foi le roi de Siam et ses sujets. C'était l'époque du règne intime de madame de Maintenon et du père Lachaise, l'année même qui devait voir éclore la révocation de l'édit de Nantes, et Louis XIV, rassasié de conquêtes, mettait alors sa gloire à faire de la propagande religieuse dans les régions lointaines comme à l'intérieur. Forbin et la légation française mirent à la voile le 3 mars 1685, et six mois après, le 23 septembre, ils arrivèrent à la barre de Siam, formée par le dégorgement du fleuve Meïnam.

Forbin eut un grand succès auprès du despote siamois; car, au départ de l'ambassadeur de France, ce prince, voulant absolument que le jeune officier restât auprès de lui, lui conféra le double titre d'amiral de sa flotte et de général de ses armées. Ce n'était peut-être qu'une double sinécure, vu la situation des choses dans l'empire de Siam; mais c'en fut deux fois plus qu'il n'en fallait pour attirer à l'officier français la jalousie du premier ministre de l'empereur. Malgré la faveur dont il jouissait, Forbin ne tarda pas à trouver la position aussi dépourvue de sécurité que d'agrément : aussi s'empressa-t-il de saisir la première occasion qui s'offrit à lui de se rembarquer pour la France, où il rentra en 1688. S'étant, à son retour, présenté à Versailles, Louis XIV lui demanda ce qu'il pensait du royaume de Siam. « C'est un pays, dit Forbin, qui ne produit rien, et qui ne consomme rien. — C'est dire beaucoup en peu de mots, » répliqua le roi.

La guerre était alors flagrante de toutes parts, et l'amiral démissionnaire de l'empire de Siam, redevenu lieutenant de vaisseau dans sa patrie, ne tarda pas à rencontrer plus d'une occasion de se signaler. Il avait été envoyé, avec le célèbre Jean Bart, à l'escadre de Flandre, qui détachait incessamment du port de

Dunkerque ses plus hardis officiers, soit pour se mettre à la piste des convois d'Angleterre et de la Hollande, soit pour protéger nos flottilles marchandes contre les croisières des deux nations ennemies. Nous avons raconté dans la Notice de Jean Bart une aventure de mer que nos deux intrépides marins eurent ensemble, dans la Manche, en 1689 ; nous ne reviendrons pas sur ces détails, mais nous rappellerons à cette occasion un trait qui fait le plus grand honneur au caractère du marin provençal. Echappé, comme nous l'avons dit dans l'article auquel nous prions le lecteur de se reporter, de sa prison de Plymouth, et admis auprès de Louis XIV, qui lui remit à cette occasion un brevet de capitaine et une gratification, il vit qu'on semblait oublier son compagnon de gloire et d'infortune, Jean Bart, qui n'avait pas l'honneur d'appartenir comme lui à une famille titrée et blasonnée. En recevant la récompense qu'il avait si bien méritée, il osa rappeler au roi les services de son camarade Jean Bart. « C'est trop juste, » dit Louis XIV. Et, se tournant vers le ministre Louvois, le monarque ajouta : « Monsieur de Louvois, qu'il soit pris note de ce que vient de dire le chevalier de Forbin. Il a fait là une action bien généreuse, et qui n'a pas assez d'exemples dans ma cour. » Du reste, il est juste d'ajouter que, si Louvois, ministre de la guerre, était susceptible d'être peu touché du mérite personnel d'un marin roturier, il n'en était pas de même de Seignelay, fils de Colbert, et qui avait alors le département de la marine. Sa noblesse, à lui, n'était pas de si vieille date, et il connaissait trop Jean Bart pour ne pas l'apprécier tout ce qu'il valait.

Nous ne suivrons pas le chevalier de Forbin dans toutes les actions particulières où il eut occasion de se signaler sur les escadres royales jusqu'à la paix de Riswick (1697). Il nous suffira de dire que son nom se trouve toujours cité avec honneur, dans cette période de notre histoire maritime, à côté de ceux des Jean Bart, des Nesmond, des Cassart et des Duguay-Trouin, combattant isolément ou sous le commandement des d'Estrées, des Tourville et des Château-Regnaud.

En 1702, au commencement de la guerre suscitée par la succession d'Espagne, le capitaine Forbin, à la tête de deux frégates, fut chargé d'une croisière dans la mer Adriatique. Il avait pour mission d'intercepter les secours que l'empereur d'Allemagne essayerait d'envoyer à l'armée que commandait le prince Eugène de Savoie, et qu'il avait opposée à celle que Louis XIV et Philippe V entretenaient dans le Milanais. Ses instructions prescrivaient au chef de la croisière française de ménager les susceptibilités de la république de Venise, qui était en paix avec la France, et qui, malgré sa déchéance, conservait sa vieille prétention d'être la reine de l'Adriatique. Mais Forbin crut s'apercevoir que le sénat de Venise, loin de se maintenir dans une ligne de parfaite neutralité, agissait de connivence avec l'empereur et le favorisait au détriment de la France. Dès-lors, se laissant aller à toute l'impétuosité de son caractère méridional, il résolut de faire sentir à la république combien il était dangereux de s'exposer aux représailles de la France. Son escadre ayant été renforcée de deux frégates, Forbin s'estima en mesure d'agir en maître à l'égard des Vénitiens. Il ne laissa plus passer aucun de leurs bâtiments sans le visiter, faisant jeter à la mer la cargaison de ceux qui lui paraissaient suspects, il en brûla même quelques-uns. Une flotte de quatre-vingts navires, se rendant de Venise à Trieste, s'était vu barrer le passage, et le terrible capitaine se disposait à la livrer aux flammes lorsqu'il reçut de l'ambassadeur de France à Venise, dont sa fougue compromettait au plus haut point la diplomatie, l'ordre de les relâcher. Ce ne fut pas sans une vive indignation que Forbin obéit à une pareille injonction ; mais il suivit de près la flotte vénitienne, et alla bloquer le port de Trieste pour empêcher tout convoi d'en sortir. Notre ambassadeur, ému par les représentations du sénat, qui revendiquait, avec toute apparence de raison, le droit exclusif de faire la police sur les mers de sa dépendance, ordonna à Forbin de sortir du golfe de Trieste. Il fallut encore se soumettre à la direction du diplomate ; mais, ainsi que Forbin l'avait prévu, les Vénitiens n'empêchèrent nullement les secours destinés à l'armée impériale de sortir de Trieste et d'arriver à leur destination. Alors l'ambassadeur de France, se tenant pour joué par le gouvernement de Venise, donna carte blanche au chef de la croisière française, pourvu qu'il y mît certaines précautions et sauvât les apparences ; car il ne voulait pas se trouver dans la nécessité de demander ses passeports à la république. Il signala à Forbin un vaisseau anglais de cinquante canons, que les agents de l'empereur avaient fait armer secrètement dans le port de Venise, et lui ordonna d'y mettre le feu.

Forbin, heureux de voir la diplomatie abonder enfin dans ses propres idées, et désireux de gagner dans cette campagne le titre de chef d'escadre, auquel il aspirait depuis longtemps, et non sans les droits les plus réels, se hâta d'exécuter l'ordre de destruction qu'il venait de recevoir. Il espérait que la ville des Lagunes recevrait bien quelques étincelles de l'incendie qu'il allait allumer. Voici comment le fait est raconté dans les Mémoires publiés sous son nom.

Il met en mer ses deux chaloupes et son canot, y embarque cinquante hommes d'élite, leur donne en signe de ralliement des cocardes blanches, et part. La mer était calme ; il faisait un magnifique clair de lune. A l'entrée du port, il rencontre un bateau pêcheur monté par deux hommes. Il s'avance vers eux, et leur fait demander, par un Italien de son équipage, des nouvelles du vaisseau anglais, ajoutant qu'ils appartenaient à son bord, et que, surpris par les Français, ils avaient été indignement dépouillés par eux, et n'étaient parvenus à leur échapper qu'au péril de leur vie. « Ah ! le chien de Forbin ! s'écrient les pêcheurs vénitiens, quand en serons-nous débarrassés ? Il n'est plus permis de sortir des Lagunes !... » Cela dit, ils s'empressent d'indiquer aux prétendus Anglais le vaisseau qu'ils cherchaient.

Forbin se dirige vers lui, et le reconnaît

bientôt au léopard doré qui brille à sa poupe. En l'abordant, il s'aperçoit que les sabords de la sainte-barbe sont restés ouverts. Voilà un passage trouvé pour pénétrer sans bruit dans le navire, et y semer de prime-abord la confusion et la terreur. Il fait entrer par là son maître nocher et deux soldats, qui commencent à mettre à mort cinq à six matelots à moitié endormis. A l'instant même il saute, intrépide et la hache au poing, sur le tillac, en criant : « Tue ! tue ! » Les soldats qui l'ont suivi font main basse sur les premiers qui se présentent à eux, la plupart sans armes et en chemise. Forbin va droit à la grand'chambre, où sont ordinairement les armes, étend à ses pieds tous ceux qui essayent de s'opposer à son passage, se rend maître du château de devant, se précipite vers la chambre du conseil, où le capitaine du vaisseau, son gendre et ses deux fils s'étaient retirés, et dont ils défendaient l'entrée avec la vigueur du désespoir. Forbin fait fendre la cloison à coups de hache, jette plusieurs grenades au milieu de la chambre, et force ainsi ceux qui s'y étaient retranchés à capituler. Ceux qui étaient aux entre-ponts se jettent à la mer par les sabords et se sauvent à la nage. Forbin était maître du vaisseau, mais beaucoup d'Anglais se tenaient réfugiés dans la cale : il leur fait crier qu'ils aient à se rendre en toute hâte s'ils ne veulent pas sauter avec le vaisseau ; ils remontent sur le tillac au nombre de vingt-sept. Le vainqueur les fait passer sur son canot, avec le capitaine, son gendre et ses deux fils, et, s'étant assuré que le vaisseau avait été évacué de toute âme vivante, il y fait mettre le feu en trois endroits, et se rembarque à la lueur de l'incendie qui va dévorer, aux yeux des Vénitiens, un navire décoré des armes de la perfide Albion.

Bientôt la flamme eut envahi le corps même du vaisseau ; les canons, chargés à boulets, partirent d'eux-mêmes, et lancèrent leurs projectiles jusqu'aux palais qui se mirent si complaisamment dans les canaux qui forment les rues de Venise *la belle*. Enfin, le feu ayant gagné jusqu'à la soute aux poudres, ses débris sautèrent en l'air avec un horrible fracas qui réveilla les habitants de la cité mollement endormie, pour les livrer à toutes les angoisses de la terreur.

Devenu maître du golfe par ce coup de main, Forbin redoubla de vigilance et de rigueur dans sa croisière ; il arrêtait impitoyablement tout vaisseau qu'il ne trouvait pas muni de passeports réguliers. Il alla bombarder

Trieste, où se faisaient les armements destinés à l'armée impériale. Il préparait le même sort au port de Fiume, dans le golfe d'Istrie, mais la ville se racheta par une capitulation de quarante mille écus. Toutefois, Forbin ne toucha pas le prix de cette capitulation; pendant les vingt-quatre heures qu'il avait imprudemment accordées au gouverneur pour se libérer, des secours puissants survinrent, et forcèrent l'escadre française à lever l'ancre. La saison étant fort avancée, le capitaine Forbin rentra à Toulon, où il ne trouva point, comme il l'avait espéré, sa commission de chef d'escadre.

Il dévora son dépit, espérant bien forcer le gouvernement du vieux Louis XIV et son peu digne ministre de la marine, Jérôme de Pontchartrain, à lui rendre enfin justice. En attendant, il ne laissait échapper aucune occasion de mettre en relief le pavillon de la France. Voici, à ce sujet, un des traits consignés dans ses Mémoires :

Sur la fin de l'année 1703, Forbin, devenu comte de Janson par la mort de son père et de son frère aîné, escortait une flotte marchande destinée pour le Levant. Arrivé à l'entrée de l'Archipel, il aperçoit un vaisseau de soixante-dix canons et de trois cents hommes d'équipage. Il lui donne la chasse, et, dès qu'il se trouve à portée de voix, il demande à qui appartient ce bâtiment. « A Venise, lui répond-on. — Saluez le pavillon du roi de France, crie-t-il au capitaine. — Je suis dans les mers de la république, et je ne salue personne, » répond le Vénitien. Sur cette réponse, Forbin se dispose à l'attaquer. Le Vénitien s'en aperçoit, et demande le nom du capitaine auquel il a affaire. On lui nomme le comte de Forbin. « Eh bien ! ne tirez pas, je vais saluer M. le comte de Forbin ! — Pas d'équivoque ! s'écrie celui-ci ; saluez le pavillon du roi, sinon je vous envoie toute ma bordée. » Le Vénitien trouva qu'il était prudent de s'exécuter, et, sans autre objection, il fit l'acte de déférence qui lui était si impérieusement prescrit.

L'année suivante (1704), Forbin avait reçu le commandement de l'escadre de Flandre, bien qu'on s'obstinât toujours à lui faire attendre le titre d'officier général. S'il faut en croire les Mémoires de Forbin, lorsqu'on lui confia ce poste d'honneur, il demanda au ministre qu'on lui laissât carte blanche. « C'est au-dessus de mon pouvoir, dit le ministre ; il faut en parler au roi. » La question fut immédiatement soumise à Louis XIV, qui répondit :

« M. de Forbin a raison ; il faut se fier à lui et le laisser faire. » Lorsque le nouveau commandant de l'escadre de Flandre vint prendre congé du ministre, celui-ci lui dit : « Monsieur de Forbin, il n'y a en France que M. de Turenne et vous à qui on ait donné carte blanche. » Il en usa d'une manière glorieuse pour lui et pour son escadre, désastreuse pour les ennemis de la France. Pendant quatre ans qu'il conserva ce commandement, il eut mille occasions de se signaler : les raconter toutes nous mènerait beaucoup trop loin ; nous sommes forcés, pour ne pas sortir des bornes qui nous sont prescrites, de nous en tenir à quelques épisodes choisis parmi les plus saillants.

En 1706, à la hauteur de Hambourg et de l'embouchure de l'Elbe, Forbin rencontre une flotte marchande hollandaise, forte de cent voiles, et venant de Norwége, sous l'escorte de six vaisseaux armés chacun de cinquante pièces de canon. L'occasion était trop magnifique pour la laisser échapper. Il fait donc aussitôt ses dispositions pour une vigoureuse attaque. S'étant, comme de juste, réservé l'honneur de combattre lui-même le commandant de l'escorte, Forbin arrive résolûment sur celui-ci, l'accroche sous le feu de sa mousqueterie et de son artillerie, fait le commandement d'abordage, et se précipite lui-même à l'avant pour donner l'exemple. Plus prompt que lui, un jeune garde-marine, nommé d'Escalis, a sauté le premier sur le bord ennemi, l'épée à la main, immédiatement suivi d'un grand nombre d'officiers, de gardes-marines et de soldats. Il se fit alors un carnage horrible de part et d'autre. Forbin y perdit beaucoup de monde. Toutefois, la tuerie ne dura qu'un instant. Bientôt Forbin entendit le jeune d'Escalis, qui, l'appelant par son nom, lui criait de l'arrière du vaisseau hollandais : « Nous sommes les maîtres ! j'ai tué le capitaine ! » Forbin avait déjà commencé à faire passer les Hollandais sur son bord, quand le feu se déclara à sa prise, à laquelle il était toujours accroché. Le vent soufflait avec une telle impétuosité, que celle-ci fut embrasée en un clin d'œil. Forbin ne se dégagea qu'avec beaucoup de peine de ce terrible incendie, qui menaçait de le faire sauter lui-même. La mer était fort agitée, et l'eau entrait avec violence par six sabords ouverts du vaisseau français. Pour l'empêcher de couler à fond, Forbin se disposait à le faire pencher, en le chargeant du côté qui n'était point endommagé, lorsqu'un vaisseau ennemi s'approcha pour l'attaquer et interrompit cette manœuvre. Se trouvant désormais dans la nécessité ou de vaincre ou d'être submergé, Forbin eut bientôt pris son parti. « Enfants, dit-il aux hommes qui lui restaient de son équipage, bon courage ! abordons, nous sommes encore assez forts ; ne craignez rien, et ce vaisseau est à nous ! » Ce peu de mots rendit du cœur à l'équipage, et Forbin mit incontinent son bâtiment en travers, présentant au vent le côté malade. Dès qu'il fut à portée, les ennemis tirèrent sur lui toute leur artillerie, mais sans le moindre succès. Forbin leur répondit par toute sa bordée de canons et de mousqueterie, et cela fut fait si à propos, que le vaisseau hollandais, criblé et dans le plus affreux désordre, abattit pavillon, et se rendit dès que les Français l'eurent abordé (1).

Un troisième vaisseau de l'escorte hollandaise avait été enlevé par les deux frégates de François-Cornil Bart et du capitaine Hennequin ; mais les autres vaisseaux de l'escadre française avaient eu la chance moins heureuse, et avaient laissé échapper les trois autres bâtiments d'escorte avec la flotte marchande.

L'année suivante (1707), l'escadre de Flandre se signala encore par de nouvelles proues-

(1) Léon Guérin, *Hist. maritime de France*.

ses et de nouveaux succès dans la mer du Nord. A la suite d'un combat sanglant, livré le 12 mai, contre un grand convoi d'Angleterre, Forbin rentra dans le port de Dunkerque, amenant avec lui vingt-deux bâtiments de guerre ou de commerce pris à l'ennemi. — Cette fois, enfin, on lui envoya la cornette de chef d'escadre; jamais cornette ne s'était fait plus longtemps attendre, et n'avait été plus loyalement et plus glorieusement gagnée. Forbin comptait alors plus de trente-deux années de service sur mer, et passait depuis vingt ans, dans l'estime des hommes du métier, pour l'un de nos plus intrépides et de nos plus habiles marins, réunissant, selon l'expression heureuse et vraie de l'un de ses panégyristes, la tête d'un général à la main d'un soldat.

« Il n'eut pas été plus tôt nommé chef d'escadre, dit M. Léon Guérin, qu'il courut au-delà du cercle polaire, jusque dans la mer Blanche, pour se mériter le grade de lieutenant général des armées navales. Malgré les tempêtes fréquentes qui troublent la navigation dans cette mer, Forbin y chercha et y battit en maintes rencontres les flottes marchandes d'Angleterre et de Hollande, avec leurs escortes; il y fit plusieurs riches captures, et, après avoir déjoué, par des ruses ingénieuses, les plans des ennemis, qui brûlaient du désir de se venger de lui, il revint en France en passant par le nord de l'Ecosse et de l'Irlande. Cette campagne est une de celles qui lui firent le plus d'honneur, autant par sa bonne exécution que par sa rare audace (1). »

(1708.) La France possédait toujours de brillants officiers de mer; mais, grâce à une administration dont l'imprévoyance et l'incurie autorisent jusqu'au soupçon de la trahison, le matériel de sa flotte offrait le plus déplorable spectacle du délabrement et de la pénurie. Cependant Louis XIV, qui mettait, à protéger la cause à tout jamais perdue des Stuarts, une obstination qui n'est pardonnable qu'aux prétendants, avait fait un suprême effort pour appuyer une nouvelle tentative de restauration en faveur du fils de Jacques II, connu sous le nom de chevalier *de Saint-Georges*, et que ses partisans désignaient sous son nom dynastique de Jacques III. Des vaisseaux de transport avaient été réunis dans le port de Dunkerque pour une armée de sept mille hommes; ils devaient avoir pour escorte

(1) *Hist. maritime de France.*

une flotte de huit vaisseaux de guerre et de vingt-quatre frégates, placés sous le commandement du comte de Forbin. Les informations adressées d'Ecosse au prétendant promettaient un succès infaillible. Le peuple l'attendait avec impatience, et son apparition sur la côte devait être le signal d'un soulèvement général. Il y avait à peine en Ecosse deux mille cinq cents hommes de troupes réglées. Le château d'Edimbourg, dépourvu de munitions, se rendrait à la première sommation, et cette forteresse renfermait des trésors qui aplaniraient toutes les difficultés sous les pas du roi Jacques. Il y avait dans les ports de la côte d'Angus plusieurs navires hollandais chargés de canons, de poudre, d'armes, de sommes considérables, qui semblaient avoir été amenés là et être retenus par les vents contraires tout exprès pour devenir la proie des amis du prétendant. Tout devait donc réussir à souhait. Aussi, lorsque Jacques III vint à Versailles prendre congé de Louis XIV, le vieux monarque lui répéta-t-il l'adieu qu'il avait déjà fait à son père, au départ de l'expédition qui aboutit à la bataille de la Boyne : « J'espère bien ne vous revoir jamais. » Mais il ne fut pas meilleur prophète cette fois que la précédente. Lorsque la flotte française, partie de Dunkerque le 17 mars, et poussée par un vent favorable, fut arrivée dans le golfe d'Edimbourg, elle fit tous les signaux convenus pour se faire reconnaître des partisans du prétendant ; mais il n'y fut fait aucune réponse. Ce silence déconcerta tous les plans arrêtés au départ. Forbin, qui répondait de la personne du prince et qui avait lieu de craindre que toutes les mesures n'eussent été préparées par le gouvernement de Guillaume III pour faire échouer l'entreprise, ne crut pas devoir prendre sur lui d'opérer une descente pleine de périls. Il vira prestement de bord, et ramena en France le prétendant, qui resta le chevalier de Saint-Georges jusqu'à sa mort. Bien en prit à l'amiral français de n'avoir pas perdu le temps à délibérer ; car, pour peu qu'il se fût attardé dans les eaux d'Edimbourg, il fût immanquablement tombé au milieu d'une flotte de quarante-deux vaisseaux de ligne, envoyée à sa poursuite sous les ordres de l'amiral Byng, et à laquelle il n'échappa qu'à force de ruses et d'habiles manœuvres. Les partisans de la maison de Stuart, ces hommes qui n'avaient pas donné signe de vie à l'aspect de l'escadre française, accusèrent cependant l'intrépide Forbin d'avoir manqué d'audace et de résolution. Nous regrettons de voir un historien français, ordinairement plus judicieux, le baron de Sainte-Croix, se rendre l'écho de ces absurdes récriminations d'un parti cherchant à se disculper de ses propres fautes en les rejetant sur les autres.

Quoi qu'il en soit, l'insuccès de cette expédition d'Ecosse avait fait perdre à Forbin toute espérance d'arriver au grade de lieutenant général, dont il avait fait le terme de son ambition. Atteint des infirmités qui sont les conséquences inévitables des fatigues et des terribles épreuves de la vie maritime, mais dégoûté surtout par l'esprit qui présidait au gouvernement de la marine royale sous l'administration de Pontchartrain, il se retira du service en 1610, âgé de cinquante-quatre ans seulement, mais vieux de gloire et de renommée. Il alla demander le repos de l'âme et du corps à son beau ciel bleu de Provence, et ne sortit plus, pendant près d'un quart de siècle, de son château patrimonial de Gardanne, près de Marseille. C'est là qu'il s'abandonna, en véritable sage, à ce loisir plein de dignité qui sied si bien aux hommes dont la jeunesse et la virilité furent pleines de grands labeurs et marquées par de grandes choses accomplies. Sa principale distraction fut de mettre en ordre les Mémoires de sa vie maritime, rédigés sous ses yeux par une plume élégante qui a su ajouter l'attrait de la forme à l'intérêt du fond.

Forbin s'était condamné au célibat. Privé des consolations et des soins que le cœur du vieillard trouve au sein de la famille intime, il s'en était fait une extérieure par l'exercice de la bienfaisance, en prodiguant ses richesses, avec une munificence toute royale, aux pauvres de son voisinage. Dans le recueillement de sa retraite, il avait retrouvé les pieuses traditions d'une famille qui avait fourni des prélats à l'Église et de nobles chevaliers à l'ordre de Malte. On le vit réparer, par une vieillesse animée de la plus sincère piété, les écarts d'une existence où les désordres avaient trop souvent marché de pair avec les actions glorieuses. Il finit comme un saint, après avoir débuté comme un vrai libertin.

EXPLOITS DU CAPITAINE THUROT.

Extrait de la Marine française.

Comme Jean Bart, le capitaine Thurot fit ses premières armes dans la marine marchande, dans laquelle il avait pris du service en qualité de mousse ; et, par sa valeur, ses talents, ses nombreux exploits, il s'éleva au grade d'officier dans la marine royale.

Nous ne nous arrêterons pas au dénombrement de la multitude de prises qu'il fit sur les Anglais : il nous suffira, pour donner une juste idée de son mérite, de rapporter deux des combats les plus glorieux qu'il ait soutenus.

Le 26 mai 1758, Thurot n'était qu'à huit lieues d'Edimbourg, lorsqu'il aperçut quatre voiles anglaises qu'il prit pour des bâtiments marchands. Aussitôt il leur donna la chasse; mais il se trouva que deux de ces navires étaient des frégates royales. Aussi, loin de prendre la fuite, fondirent-elles sur lui avec tant d'impétuosité que toute retraite lui eût été impossible, quand même il en aurait eu la pensée. Mais un tel parti était trop indigne du vaillant Thurot pour qu'il s'y abaissât; il affronte bravement la fureur des ennemis, qui, après l'avoir placé entre deux feux, lui crient inutilement de se rendre; il répond à leurs canons et à leurs mousquets avec une vivacité pour le moins égale à la leur; bientôt, des deux capitaines anglais, l'un est blessé à la gorge et l'autre est tué; enfin, après sept heures d'un combat opiniâtre et sanglant, le feu prend à l'une des frégates ennemies et l'oblige à se retirer; l'autre, entièrement désemparée et réduite à ne plus compter qu'un petit nombre de défenseurs, suit l'exemple de la première et abandonne à notre intrépide marin une glorieuse victoire.

Le 12 juillet suivant, se trouvant dans la mer du Nord, Thurot rencontra une flotte anglaise de dix-sept pinques armées en guerre ; onze d'entre elles étaient à trois mâts ; la moindre portait trois cents tonneaux, et leur artillerie formait un total de cent trente canons. Quoique monté sur une frégate qui n'en avait que trente, Thurot n'en avance pas moins au milieu de la flotte en faisant feu des deux bords. Les pinques l'environnent sur-le-champ et font successivement pleuvoir sur lui une grêle de boulets. Malgré l'intrépidité de notre marin, il fut un instant près de succomber, tant l'attaque dont il était l'objet était pressée, impétueuse, terrible ! Mais son courage réussit enfin à surmonter de si nombreux et de si redoutables ennemis ; il s'empara de deux pinques et mit toutes les autres en déroute, sans que son équipage comptât plus de quatre morts et quatre blessés.

VOYAGES

DU CHEVALIER DE PAGÈS

CAPITAINE DE VAISSEAU.

Parmi les navigateurs qui ont le plus illustré la marine française, nous ne devons pas omettre le chevalier Pagès. Par trois expéditions commencées et mises à fin depuis 1767 jusqu'en 1776, cet officier s'est acquis des droits à l'estime des savants, à la reconnaissance de sa patrie, au souvenir de la postérité. Le premier de ces voyages avait pour but de visiter les mers de l'Inde en s'y rendant par l'ouest, de traverser la Chine, et aller par la Tartarie dans la mer du Kamtschatka, et de trouver un passage par terre entre le nord du vieux continent et la partie septentrionale du nouveau monde. Dans cette intention, Pagès, qui avait déjà passé de Rochefort à Saint-Domingue, partit du cap Français pour la Nouvelle-Orléans, le dernier de juin 1767. Par le canal de Cuba et celui de Bahama, il se rendit à l'embouchure sud-est du Mississipi, dont les belles eaux ne perdent leur couleur blanchâtre et leur douceur qu'à deux ou trois lieues dans la mer. Le cours libre et assez régulier de ce fleuve est au moins de deux lieues et demie par heure. Ce qui en rendit surtout la navigation désagréable à notre voyageur, ce fut une quantité prodigieuse de mouches dont la piqûre cause différentes sortes de douleurs, selon les diverses variétés de ces insectes. A dix lieues de l'embouchure du Mississipi est la séparation de la branche sur laquelle Pagès s'était embarqué. Un peu plus haut, il vit les marais aux huîtres. Les écailles en sont d'une grosseur prodigieuse et servent à faire de la chaux, car il n'y a pas de pierre dans ce pays. En avançant, on vit les rives du fleuve se couvrir d'épais ombrages, qu'embellissent une multitude de cygnes et de cardinaux; ces derniers, par la beauté de leur ramage, les uns et les autres par la vivacité de leurs couleurs, ne le cèdent à aucun des oiseaux de l'Europe.

Bientôt, notre voyageur découvrit d'immenses plantations de maïs et de nombreuses habitations; celles-ci sont élevées de quelques pieds au-dessus du sol, afin qu'elles soient à l'abri de l'humidité et des serpents, bien que ces reptiles ne soient pas fort dangereux dans ces contrées.

Le 28 juillet, le chevalier de Pagès mouilla vis-à-vis de la Nouvelle-Orléans, à trente lieues de l'embouchure du Mississipi. Cette ville n'est la résidence ordinaire que des marchands, des officiers du gouvernement. Les commerçants et les colons n'y demeurent que momentanément. Parmi les habitants de la Louisiane, les uns errent sur le bord de la mer pour y tuer des oiseaux aquatiques et en extraire l'huile ; les autres s'avancent à quatre ou cinq cents lieues dans les terres pour chasser l'ours, le chevreuil ou le bœuf illinois, dont ils rapportent la peau, la graisse et les viandes boucanées ; d'autres travaillent dans les forêts les bois de cèdre, de cyprès et d'érable, dont cette colonie fait un grand commerce avec les îles de l'Amérique. Voyagent-ils par terre, ils ne se nourrissent que du produit de leur chasse, et n'ont pour vêtement qu'une chemise flottante et une ceinture de drap. Sur l'eau, ils se servent de pirogues pour transporter leur famille au lieu de leur chasse ou ou de leur traite ; là, une cabane de branches d'arbres enduites de limon compose tout leur logement.

Après s'être reposé six jours à la Nouvelle-

Orléans, le chevalier de Pagès en repartit, le 4 du mois d'août, pour se rendre à la Nouvelle-Espagne en passant par le pays des Nachitoches et celui des Adaès ; et comme il lui aurait été impossible de faire ce trajet par terre, il se rembarqua sur le Mississipi. Durant cette navigation, ce ne furent plus les piqûres d'une infinité d'insectes qu'eut à redouter notre voyageur, ce fut de véritables dangers. Ils étaient produits par la quantité d'arbres que le fleuve roule dans ses eaux, ou dont les branches, s'embarrassant dans les vases et sur les bords, faisaient sans cesse redouter un naufrage et bornaient à quatre lieues l'espace que la pirogue parcourait chaque jour. Néanmoins, à force de persévérance et de fatigues, on parvint aux bornes de la Louisiane. On aperçut ensuite un établissement français situé sur la rive droite du fleuve ; puis, sur le côté opposé, une peuplade sauvage, où le chevalier de Pagès se reposa quelques jours. Pendant l'été, ces Indiens cultivent du maïs ; l'hiver, ils se nourrissent du produit de leur chasse, dont ils vendent le superflu aux Européens ; ils se louent pour travailler ; et, deux des rameurs du chevalier de Pagès étant tombés malades, deux de ces Indiens les remplacèrent. Ce ne fut pas toutefois sans beaucoup de peine que l'un des deux y consentit ; tendrement attaché à sa jeune compagne, il s'échappait à tout moment pour aller la retrouver ; c'étaient des changements d'avis continuels ; c'étaient tous les jours de nouveaux repas de maïs pilé dans des morceaux d'arbres creux et bouilli avec des pêches. Enfin, il n'y eut que l'appât d'une couverture pour lui et d'un morceau de drap rouge pour sa femme, qui parvint à l'emporter sur leur tendresse. Cependant, pour leur épargner de nouvelles tentations, notre voyageur éloigna de leur cabane sa pirogue, en la transportant à l'autre extrémité du village. Ce village a soixante cabanes ; elles sont faites de gros arbres, qui, plantés en rond, viennent se joindre par le haut en forme de cône : le peu de distance que leur rondeur ou leurs inégalités laissent entre eux est rempli par des branches ; le tout, solidement lié et enduit de limon, ne permet point de passage à la pluie. A l'exception de l'espace qui forme une petite porte d'entrée, la cabane est garnie, dans sa rondeur, d'un large banc composé de petits arbres rangés tout près les uns des autres ; on les couvre d'une natte de roseaux, et c'est sur cette espèce de lit que les Indiens prennent leur sommeil. Le feu se fait au milieu de la cabane, et la fumée sort par la porte ou par une ouverture pratiquée dans le haut, à la jonction des arbres. Les habitations des chefs ont, à trois ou quatre pas de distance, vis-à-vis de la porte, une autre hutte ouverte, qui sert à prendre l'air et à se mettre à l'abri du soleil. Celle-ci est simplement couverte de feuillages et de roseaux soutenus par quatre ou six piliers, et c'est le lieu d'assemblée de la nation. Ces sauvages y reçoivent les étrangers, et y passent leur temps de délassement à dormir ou à fumer avec leur casse-tête. Cette arme est une sorte de hache, dont le manche, ordinairement creux, communique au dos de la hache, sur lequel est formé en fer un noyau de pipe. Ces sauvages se distinguent par leur tendresse conjugale et par leur respect pour les vieillards ; à la chasse, ils sont pleins d'adresse, à la guerre pleins d'intrépidité. Leurs mœurs sont douces et hospitalières. Les premiers d'entr'eux qui aperçoivent des étrangers les annoncent en poussant un cri ; aussitôt le chef et les principaux habitants se rassemblent chacun à la porte de sa cabane, et députent l'un des leurs vers les nouveaux arrivants. Ceux-ci lui offrent une bouteille de tafia, et reçoivent en échange une grande quantité de volailles, de poissons et de fruits.

Les femmes de ces Indiens s'occupent de la culture des terres, des soins du ménage, du transport des effets durant les voyages de long cours, et de l'apprêt de ce que la chasse et la pêche ont produit.

Après s'être reposé de ses fatigues, le chevalier de Pagès se rembarqua sur le Mississipi ; il navigua, dans le nord, l'espace de quatre-vingts lieues, et parvint à l'embouchure de la Rivière-Rouge, dans laquelle il entra, parce que les Nanchitoches habitent dans l'un des cantons qu'elle arrose. C'est ici que des difficultés de tout genre vinrent en foule assaillir notre voyageur. Lorsqu'il eut dépassé l'embouchure de la Rivière-Noire, et qu'il eut vogué encore quelques jours, il arriva à une petite chute de huit pieds.

Un Français, qui habitait dans ce lieu et qui s'était marié avec une Américaine de ces contrées, consentit à piloter la pirogue, qu'il fallut décharger, et que des sauvages, venus d'un village voisin, aidèrent à remonter à travers une espèce de glacis formé par le lit de la rivière et par la chute de l'eau. Deux autres chutes obligèrent de recommencer encore deux fois le même ouvrage, et exigèrent du chevalier de Pagès, de ses rameurs et de ses guides, des efforts sans cesse renouvelés.

Pour comble de malheur, ils ne pouvaient dormir sur le bord de la rivière, qui est couvert d'une vase mal desséchée, et où pullulent toutes sortes d'insectes. Souvent même ils y étaient visités par des caïmans, qui, venant dévorer les restes de leurs repas, répandaient une odeur dont l'infection ne tarda point à corrompre les vivres de nos voyageurs. Ceux-ci, après avoir surmonté tous ces obstacles, souffert tous ces désagréments, enduré toutes ces fatigues, parvinrent à un lac qui n'avait qu'un demi-pied d'eau sur une vase extrêmement délayée, et remplie de racines d'arbres. Il fallut descendre dans le fleuve et pousser la pirogue avec des peines inconcevables. Malgré les avis du pilote et l'attention qu'on mettait à les suivre, l'embarcation donnait à chaque instant sur des tronçons d'arbres, où elle restait comme sur un pivot. On ne l'en retirait qu'à force de bras, en se mettant, jusqu'à la ceinture, dans la vase, d'où l'on ne sortait jamais sans quelques entailles faites aux jambes ou aux cuisses par des racines ou des coquilles.

Quand on eut passé ce lac, on trouva un courant aussi dangereux que rapide. Pour peu que la pirogue ne se fût pas présentée au droit fil de la direction de l'eau, les voyageurs auraient péri sans ressource. Deux jours après, c'était le 2 septembre, on arriva au grand embarras ; ici, la rivière coule à travers des monceaux de gros arbres qui ont barré le passage, ou formé des îlots accrus par le charroi de la rivière. Comme il fallait trop de temps pour se frayer un chemin à coups de hache, le chevalier de Pagès se rendit à pied à Nachitoches, d'où il n'était éloigné que de deux lieues. Il y logea chez le propriétaire de sa pirogue et y fut si mal sous tous les rapports, qu'il regretta le biscuit infect auquel il avait été réduit pendant sa route. Après avoir séjourné trois jours dans ce poste, qui appartenait alors aux Français, il en repartit, sous la conduite d'un créole espagnol, afin de se rendre aux Adaès. Les inégalités du sol, l'embarras que produisaient les arbres tombés par pourriture ou par vétusté, et l'obscurité des bois l'égarèrent souvent et furent cause qu'il n'arriva au terme de son voyage que le lendemain de son départ.

Il s'établit d'abord chez un sauvage baptisé, mais le peu de nourriture que son hôte eut à lui offrir, le contraignit bientôt à se loger chez un chef de soldats. Bien que la disette se fît moins sentir dans cette seconde habitation que dans la première, notre voyageur y éprouva quelquefois les atteintes de la faim. Après avoir étudié en détail les mœurs et les coutumes des Espagnols qui occupent ce poste, il se disposa à continuer sa route vers Mexico. Il en était encore à cinq cent cinquante lieues, et il en avait deux cent cinquante à franchir pour arriver à l'établissement espagnol le plus voisin, à travers un chemin fort difficile et coupé de beaucoup de rivières dont le passage est fort dangereux. Comme on ne pouvait faire ce trajet sans péril qu'avec une caravane de dix ou douze hommes, le chevalier de Pagès résolut d'aller joindre celle de l'ancien gouverneur de la province, qui, rappelé à Mexico, était tombé malade à la mission de Naquadoch. Pour faire cette route, qui n'était que de cinquante lieues, notre voyageur acheta un cheval et partit avec quelques soldats appartenant à l'escorte de l'ancien gouverneur et venus pour chercher des provisions. Bientôt il s'aperçut qu'il avait été volé par son guide ; mais ce désagrément ne fut pas le seul qu'il eut à supporter. L'excès des fatigues qu'il n'avait cessé d'essuyer, la nécessité de coucher presque toujours en plein air, et la fraîcheur des nuits succédant à la chaleur du jour, lui causèrent une fièvre violente. Ce ne fut que par une sorte de prodige qu'il ne se rompit pas vingt fois le cou, soit en tombant de cheval, soit en s'accrochant aux branches des arbres qui étaient sur son sentier. Lorsque l'accès le prenait, le tournoiement de tête lui ôtait l'usage de ses sens ; la pensée seule lui restait, et il lui était impossible de s'arrêter, car il fallait arriver le soir aux ruisseaux où se trouvaient l'eau et l'herbe nécessaires aux chevaux de la caravane. Arrivé à Naquadoch, il se reposa et recouvra la santé. Mais, ayant négligé de prendre des vivres aux Adaès, il fut obligé d'y retourner seul pour s'en approvisionner. Au retour de cette nouvelle course, qui ne fut exempte ni de fatigues ni de périls, il partit, le 2 novembre, avec l'ancien gouverneur, qui emmenait à sa suite quinze personnes, vingt mules chargées et deux cents mulets ou chevaux de rechange. Bientôt, on aperçut deux ou trois villages d'Indiens, nommés *Tegas de San-Pedro*.

On vit quelques-uns de ces sauvages : leur corsage est grand et nerveux ; ils courent à cheval ventre à terre, portant leur fusil le long de l'avant-bras et une pièce de drap ou une couverture en écharpe flottant au gré du vent ; quelques-uns avaient en croupe leurs femmes et leurs filles. Huit jours après, on arriva à la rivière de la Trinité, que l'on traversa sur trois files, en mettant les bêtes de charge au milieu et les cavaliers des deux côtés. Mais le passage de toutes les autres rivières et des grands ruisseaux donna bien plus de peine. Quand ils ne se trouvaient pas guéables, on coupait des arbres dont on formait des radeaux attachés avec le licou des mules, et sur lesquels on mettait les bagages. En avant de ces radeaux, un bon nageur se dirigeait avec une corde qu'il tenait entre les dents ; en arrière et de chaque côté deux autres nageurs faisaient suivre cette corde à ces légères embarcations, et secondaient le courant qui les poussait vers la rive opposée : les mules passaient ensuite plus aisément. Quelquefois les lits profonds et les bords vaseux des rivières obligeaient de pratiquer la descente à coups de bêche, ou de transporter sur la vase des fascines et de la terre. En outre, il fallait parfois y porter d'assez loin les effets qu'on avait laissés sur des endroits secs. Le même travail recommençait sur l'autre bord, et souvent des ruisseaux étroits et vaseux arrêtaient deux ou trois jours. Le seul dédommagement à tant de fatigues était la chasse des coqs d'Inde, des bœufs et des chevreuils : on trouvait aussi des ours dont la chair est excellente. Quoique le chevalier de Pagès aimât mieux faire usage de la viande que de la farine de maïs, son estomac fatigué ne s'accommodait ni de l'une ni de l'autre. Il les mangeait séparément, ménageant la farine pour les repas où il n'avait pas de viande. Il aurait eu besoin de mêler les deux nourritures; mais la prudence ne le lui permettait pas, et l'empêchait même de satisfaire son appétit.

Après avoir traversé le Colorado, ou Rivière Rouge, et la Guadeloupe, la caravane arriva, le dernier jour de novembre, à San-Antonio. Notre voyageur s'y logea chez un bon Indien qui s'était attiré son affection par la patience et le désintéressement avec lesquels il lui avait rendu service depuis son départ des Adaès. Les manières du Français convenaient à l'Américain, qui, lui soupçonnant de l'argent, n'aurait pas été fâché de lui voir épouser une de ses filles. Mais, quoiqu'il n'y en eût pas une seule qui, par son caractère et par sa beauté, ne méritât de fixer le chevalier de Pagès, et bien qu'il sentît le prix des mœurs douces et pures de la liberté, qu'une pauvreté honnête et une pieuse éducation donnaient à ces bonnes gens, il était trop vivement épris des charmes de la science et du désir d'en accélérer les progrès pour que toute autre passion trouvât cette place dans son cœur. Aussi, lorsqu'il eut recueilli sur ces contrées et leurs habitants tous les renseignements qu'on put lui fournir, il paya ses dépenses avec son linge, qui était de plus commode valeur que l'argent ; et à la suite de la caravane, il se remit en route le 27 décembre. Après une marche de quatre-vingts lieues, il parvint au village de la Rhéda, sur les bords du Rio-Bravo, qu'il passa sur une barque et au-delà duquel il voyagea à travers une campagne bien cultivée. Quand il eut franchi le cours rapide et rocailleux de la *Rivière Salée*, il ne trouva pour se désaltérer que des eaux minérales qui n'incommodèrent pas moins les chevaux que les cavaliers. Il parcourut ensuite une plaine hérissée de plantes épineuses dont les piqûres causaient d'assez vives douleurs. Les états des Indiens policés, que les Espagnols conquirent à la mort de Montézuma, commencent à la *Rivière Salée*. On rencontra peu après le village de la Caldéra. Lorsqu'on eut laissé à l'ouest le poste de Cuvilla, on eut à parcourir vingt lieues de terrain désert à travers de hautes montagnes ; après quoi, l'on découvrit, dans une plaine belle et bien cultivée, la ville du Sartille, où l'on arriva le 20 janvier 1768. Ce fut là que, pour la première fois depuis son départ de la Louisiane, le chevalier de Pagès mangea du pain de froment. Pendant son séjour, il vit célébrer la fête de la Chandeleur, qui est aussi celle de la fête de la ville. Après la messe, on fit en pompe une procession avec l'image de la Vierge, qu'on alla déposer sur un théâtre élevé à côté d'un cirque servant aux combats des taureaux. Après la *sieste,* on ouvrit ces combats par des fanfares que jouaient des instruments placés aux côtés de l'image de la Vierge ; ce divertissement dura jusqu'à la nuit, ensuite on acheva la procession en reportant l'image dans l'église. Le lendemain, commença une foire bien pourvue de sucreries, de vins, de pâtisseries, et autres friandises. Notre voyageur trouva singulier de voir les Espagnols porter la froideur à l'excès envers leurs femmes. L'une d'elles, qui lui avait paru avoir du bon sens, se plaignit de ce que son mari n'était pas assez galant pour vendre un couteau de chasse qui lui restait, et pour en employer l'argent pour la régaler de sucreries à la foire.

Ayant congédié les Indiens qui l'avaient suivi jusque-là, le chevalier de Pagès partit du Sartille le 10 février 1768. Il était toujours à la suite de l'ancien gouverneur. Bientôt, il eut à marcher pendant trois jours sur une poussière aussi corrosive que de la chaux. Durant cette traversée, il ne trouva d'eau que celle des puits, qui sont très profonds. On paie pour leur entretien l'eau qu'on y prend ; elle est saumâtre et d'un mauvais goût ; souvent même l'on fait sept ou huit lieues sans en rencontrer. Après huit jours de marche, on arriva à Charcas. L'ancien gouverneur y tomba malade, et le chevalier de Pagès fut obligé de l'y laisser pour ne pas arriver trop tard à Acapulco ; car il s'en trouvait encore à deux cent cinquante lieues, et il savait que le galion de Manille, sur lequel il voulait s'embarquer, était déjà rendu dans ce port et en devait repartir dans six semaines.

Il se mit donc en route, seul avec son guide. Comme la probité de cet homme lui était fort suspecte, il le faisait coucher tous les soirs dans les hôtelleries qu'il rencontrait, tandis qu'il passait la nuit en plein air au pied des piquets auxquels il avait attaché ses chevaux. Le lendemain de son départ du Sartille, il arriva à San-Louis-Potosi, ville célèbre par ses mines d'or et d'argent. Il y séjourna deux jours ; et quatre jours après, il parvint à San-Miguel-el-Grande, ville belle, et située sur le penchant d'une colline. Enfin, le 28 février, après avoir fait, depuis le Sartille, cent cinquante lieues de route dans le sud, il découvrit un très grand lac, d'où, comme une masse immense, s'élève la ville de Mexico. Cette capitale ne tient à la terre que par les chaussées qui y conduisent. Elles sont au nombre de six et ont chacune une lieue de longueur sur une largeur de cent pieds ; on y remarque des arcades de distance en distance pour donner un libre cours aux eaux du lac. Mexico peut avoir six lieues de tour et n'est fermée que par des barrières. Le lac lui tient lieu de fortifications, car il est impossible de le passer à gué, à cause de la vase, et il n'y a pas assez de bois dans le pays pour construire un grand nombre de bateaux. Après avoir examiné et admiré en détail la magnificence de cette opulente capitale, le chevalier de Pagès se disposa à poursuivre son voyage vers Acapulco. Abandonné par son guide, qui le quitta en lui dérobant un cheval, il fut obligé de se remettre seul en route. Il ne lui arriva d'abord rien de remarquable. Quand il ne se trouva plus qu'à douze lieues d'Acapulco, il prit un nouveau guide, afin de continuer à marcher durant la nuit et d'arriver le lendemain au but immédiat qu'il s'était proposé. Mais à peine avait-il fait six lieues, que l'Indien qui s'était chargé de le conduire se prétendit fort fatigué et lui demanda quelque relâche. M. de Pagès y consentit ; et, pour ne pas perdre un temps précieux, il poursuivit sa marche, car il savait qu'on avait vu passer depuis deux jours le courrier qui apportait les dernières instructions du vice-roi pour le départ du galion. Ce n'était donc pas sans de bien vives craintes qu'il s'avançait au terme de son voyage, à travers un chemin difficile et par une nuit extrêmement obscure. Aussi, quelles actions de grâces ne rendit-il pas au ciel, lorsque, parvenu à une heure du matin au sommet d'une montagne, il entendit le bruit des flots se brisant contre le rivage, et que, bientôt après, il aperçut la mer et le vaisseau après lequel il soupirait depuis si longtemps. Enfin, vers les six heures, ayant parcouru huit cents lieues environ depuis son départ de la Nouvelle-Orléans, il arriva au port d'Acapulco. C'est une mauvaise bourgade, presqu'entièrement peuplée de nègres, mais dont la rade est belle, sûre et vaste. Pendant le séjour qu'y fit M. de Pagès, il y ressentit trois secousses de tremblement de terre, dont la première fut la plus considérable.

Ce fut le 2 avril 1768 que, s'étant embarqué sur le galion, il partit pour Manille. Il est difficile d'exprimer la confusion qui régnait dans ce navire. Il n'était que de cinq cents tonneaux et portait, outre son équipage, une multitude de passagers appartenant à toutes les classes de la société. Les commis et les officiers du vaisseau, qui s'y trouvent aussi en fort grand nombre, ne sont point marins, ils achètent leur place à chaque traversée pour en retirer les appointements, qui sont fort considérables, et pour faire un grand commerce; les seuls pilotes, qui ont le grade d'officiers-majors, entendent la navigation. Le chevalier de Pagès s'arrangea pour manger avec un d'entre eux; il n'avait pas eu le temps de s'approvisionner à Acapulco, et dans le galion, chacun embarque ses vivres et mange à part. De là naît une confusion étonnante qu'augmente encore le nombre des serviteurs, beaucoup plus grand que celui des maîtres.

Après soixante-huit jours de navigation, on découvrit les montagnes qui sont à l'est-nord-est de l'île de Guam, la seule des Mariannes qui soit fréquentée par les Espagnols. Le galion y conduisait un nouveau gouverneur et mouilla, le 10 juin, dans la partie méridionale de cette île. Quand on eut fait de l'eau, pris des rafraîchissements, laissé à terre le nouveau gouverneur, et embarqué celui qui l'avait précédé, on remit à la voile. A des calmes qui augmentèrent du 20 au 25 juin, succédèrent des vents violents et de fréquents orages; ce qui força d'hiverner dans l'île de Samar, où l'on relâcha le premier août, au mouillage de Palapa, près du cap du *Spiritu Sancto*. Le galion fut aussitôt entouré par quantité de bateaux du pays et par plusieurs petits vaisseaux nommés *champans*, qui apportaient des rafraîchissements et des vivres. Les passagers les dévorèrent, car ils n'avaient tous eu, depuis le premier coup de vent, que huit onces de biscuit par jour, et de l'eau de pluie gâtée par l'eau de la mer, lorsque la lame rompait le bord. Dès le mouillage, le chevalier de Pagès tenta de se rendre à Manille par terre, car la pointe ouest de l'île de Samar n'est éloignée de la pointe orientale de l'île de Luçon que par un passage de cinq à six lieues. Notre voyageur descendit donc dans une pirogue dont les Indiens avaient consenti à le recevoir, et il vogua à l'ouest pour joindre la pointe d'une île qu'il voyait devant lui. Bientôt s'éleva un orage qui finit par une pluie si abondante qu'elle remplit la pirogue. On fut obligé de vider l'eau. En peu de temps, on relâcha à la pointe vers laquelle on tendait. L'on y trouva quantité d'autres pirogues et une multitude d'Indiens. Les uns s'étaient dépouillés de leur chemise pour ne pas la mouiller, et avaient roulé leurs larges culottes jusqu'à la ccinture, où elles étaient repliées. Les autres étaient vêtus d'une espèce de corset commençant sous les bras et finissant à mi-cuisses; un grand rochet leur couvrait les bras et les épaules; le tout était formé par plusieurs couches de cette toile brune et rude que la nature ourdit des fibres du cocotier et qui se trouve attaché au corps et entre les branches de l'arbre. Ils avaient la tête couverte d'une espèce de plateau un peu convexe et fait de feuilles de nipe, arrangées par la racine autour d'un cerceau de trois pieds de diamètre; ces feuilles venaient se joindre au centre par leur pointe; une bande de peau de routan, attachée en rond au-dessous de ce plateau, faisait la forme de cette espèce de chapeau. Ces Indiens étaient armés d'un couteau de chasse à lame serpentée, nommé *cris* ou *campilan*; ils portaient au bras un long bouclier de bois pouvant garantir tout le corps. Ils faisaient derrière ce bouclier cent contorsions différentes, en feignant de combattre et d'éviter des blessures. Au milieu du fracas produit par l'orage, ils paraissaient transportés d'une joie qui n'était pas sans inspirer quelque épouvante. Ce sentiment était encore fortifié chez M. de Pagès par tout ce qu'on lui avait dit sur leurs liaisons avec les mahométans et avec les sauvages du fond des terres. Bientôt, il en vit venir d'autres mieux vêtus qui lui offrirent du riz. Il accepta leur invitation, et, quand l'orage eut cessé, il se rembarqua. Ce ne fut pas sans risquer tantôt d'être emporté dans la haute mer et d'y périr, tantôt d'échouer contre les écueils qui bordent la côte, qu'il arriva à un village nommé Lawan. Les maisons qui le composent sont éparses dans un bois; leur forme est carrée, et elles sont construites en bambous placés de manière à produire un grillage, ou seulement en long, mais à jour. La façon dont elles sont perchées sur des pilliers de bambous et leurs vacillations au moindre mouvement de ceux qui les habitent, leur donnent l'air de véritables cages. Dans ce lieu, le chevalier de Pagès reçut l'hospitalité chez le curé, qui était jésuite; il se rembarqua au coucher du soleil, fit douze lieues durant la nuit, et, au point du jour, il arriva à Catarman. Là, il apprit que dans la même nuit, presque à la même heure, et aux mêmes écueils où il était passé, les corsaires mahométans avaient pillé trois pirogues et fait esclaves ceux qui s'y étaient trouvés. On lui dit encore que les Indiens qui l'avaient conduit étaient de l'île de Capul, qui n'avait aucune communications avec les Européens et qui servait d'asile aux mahométans.

Pour se rendre de Catarman à Luçon, notre voyageur n'avait plus à faire que huit ou dix lieues ; mais, à cause des corsaires de Mindano, Holo, Bornéo, Paragoa, personne n'osa le passer au détroit de San-Bernardino, qui était leur principale croisière. Outre cela, on exagérait beaucoup la longueur de la route de San-Bernardino à Manille ; on la disait de cent cinquante lieues, par des chemins impraticables dans cette saison. Fortifiées par l'apparition soudaine des corsaires, qu'en frappant sur des *tam-tam* les gardes annonçaient du haut des collines et des caps, toutes ces objections décidèrent M. de Pagès à retourner à Palapa. Il y étudia les mœurs et les usages des habitants de Samar, et examina tout ce qui a rapport à l'histoire naturelle de cette île. Ce soin l'occupa jusqu'au départ du galion, sur lequel il se rembarqua et fit voile, le 7 octobre, pour Manille. Comme la baie de cette ville n'avait pas assez d'eau pour le navire, on mouilla au port de Cavite, qui n'en est qu'à deux lieues. Le chevalier de Pagès se rendit à Manille, où il se logea chez des Indiens. Leurs maisons, comme celles des habitants de Samar, étaient construites en bambous. Celles des Espagnols étaient en pierre et fort belles. Au lieu de vitres, on se sert d'une sorte de coquillage transparent comme la nacre et donnant assez de clarté. Les Indiens de Luçon, ainsi que ceux de Samar, sont détournés du travail par leur penchant à la bienfaisance. Ils gardent chez eux, pendant trois ou quatre mois, les gens de leur nation appartenant à des villages éloignés. Quelqu'un de leurs parents est-il malheureux, ils prennent chez eux tous ses enfants. D'ailleurs les personnes issues d'une même lignée se séparent peu, et l'on voit souvent dans la même maison quatre ou cinq branches de la même famille, dont tous les membres vivent en bonne intelligence, mangent au même plat, et couchent dans la même chambre, sur des nattes étendues à terre. Ces peuples trafiquent avec ceux de la Chine, auxquels des traités de commerce les lient depuis les temps les plus reculés. Les habitants de Luçon font différents beaux ouvrages en or et en une espèce de tombac d'un tiers plus précieux que ce métal. Les chaînons d'or que leurs femmes travaillent égalent tout ce qu'on fabrique ailleurs de plus beau dans ce genre.

Le chevalier de Pagès avait espéré que les Dominicains, qui fournissaient les missions de la Chine, l'y introduiraient avec eux et lui faciliteraient les moyens de traverser cet empire jusqu'à la Tartarie. Cette voie était la seule qui lui présentât quelque chance de succès; mais elle lui fut interdite par le peu de bonne volonté qu'y mirent ces missionnaires. Il se décida donc à continuer son voyage par l'Inde, et après avoir séjourné six mois à Luçon, il s'embarqua pour Batavia sur une goëlette espagnole, le 7 mars 1769, et il mouilla le 15 avril dans la rade de cette ville. Cette rade est formée du côté de la terre par deux sinuosités que laissent deux pointes avancées, et du côté du large par plusieurs îles que les Hollandais occupent pour leurs arsenaux, leurs magasins et autres ateliers. Batavia est à une demi-lieue du bord de la mer, au haut d'un beau canal bien entretenu, où des bâtiments de quatre cents tonneaux peuvent entrer.

Le chevalier de Pagès admira les rues de cette ville, qui forment autant de petites promenades. Elles sont bordées de maisons presque régulières, dont le bas des murs est plaqué en briques différemment peintes ou faïencées. Il règne le long de chaque maison une espèce de terrasse élevée de deux ou trois marches sur le niveau de la rue; elle est séparée des terrasses voisines par des bancs, et elle est couverte de tentes pour la commodité de la promenade de chaque propriétaire. Au bas est un espace égal de six à sept pieds, pavé en larges carreaux et servant aux piétons; on trouve ensuite un sol de gravier uni, fin et sablé, pour le passage des voitures, et enfin une allée d'arbres touffus, toujours verts et taillés en éventail, qui règnent le long d'un canal de quinze toises de largeur; le dessous de ces arbres est occupé par une petite terrasse, élevée d'un ou deux pieds au-dessous du sol de la rue; elle est proprement pavée en larges carreaux; le canal est revêtu de murs avec des escaliers de distance en distance, et la même uniformité se rencontre à l'autre bord du canal.

M. de Pagès visita aussi les faubourgs, qui sont au nombre de trois : le premier est peuplé de Portugais et d'Indiens originairement Malabres ou Bengales; le second est habité par des Chinois qui occupent des maisons élégantes et simples, et dont les temples sont ornés des statues des anciens Chinois dignes de vénération; le troisième faubourg sert de demeure aux Indiens de ce vaste Archipel et à ceux qui sont venus de la terre ferme de l'Inde; il est plus vaste, mais moins peuplé que les deux autres, et l'on y voit des jardins aussi beaux que ceux des Hollandais.

Le conseil de Batavia couronne les rois indiens, et reçoit leurs ambassadeurs avec beaucoup d'appareil. Notre voyageur en vit arriver un qui était chargé des affaires du roi de Palimban, dont la compagnie hollandaise était mécontente. Ce ministre, à son débarquement fut reçu par l'introducteur des étrangers, qu'on nomme chabaudar, et qui était venu au-devant de lui en grand cortége. L'ambassadeur lui remit la lettre de son souverain, qui fut placée sur un carreau soutenu d'un grand bassin d'argent que portait un officier. Elle était escortée, de même que l'ambassadeur, par un nombreux détachement. Le canon de l'amiral et la mousqueterie accompagnèrent de leurs décharges la présentation de cette lettre, et le cortége se remit en marche pour le château. Le conseil y était assemblé, et les avenues étaient bordées de troupes. L'ambassadeur étant arrivé au château, la lettre fut présentée au conseil, qui en entendit le contenu; une décharge de mousqueterie et du canon de l'amiral précéda et suivit cette lecture. L'ambassadeur se retira ensuite, et le conseil se sépara.

Bombay étant le seul port commode, sûr et fortifié qui soit à la proximité de la terre ferme de l'Inde, le chevalier de Pagès s'embarqua pour cette destination, et y parvint non sans avoir éprouvé des vents contraires et des orages. Il en repartit pour Surate, où il mouilla le 6 septembre.

Dans cette ville, il vit le château qui y est enclavé, et sur lequel flottaient le drapeau des Anglais et celui du nabab, souverain de cette contrée. Il assista à la sortie de ce prince, dont l'escorte était de trois mille soldats, outre un pareil nombre de gens à pied, à cheval ou en palanquin ; le cortége était fermé par plusieurs chameaux, par quatre éléphants richement ornés et par une musique fort bruyante.

Six jours après son arrivée à Surate, le chevalier de Pagès prit le costume des Marates et partit pour visiter leur pays. En avançant dans ces contrées il fut surpris de voir la familiarité de toutes sortes d'animaux qui se jouaient devant lui. Les arbres étaient couverts d'oiseaux, d'écureuils et de singes, qui ne fuyaient point à son approche : heureux effet de la coutume où sont les habitants de ne tuer aucun animal. Au bout d'une route de dix lieues il arriva à Nausary, où, se trouvant fatigué, il loua un bœuf. A Gondivi il fut fort étonné lorsqu'on lui servit son dîner dans un plat de feuilles, qu'il fut obligé d'aller jeter après son repas ; on lui donna aussi pour gobelet une feuille qu'il jeta de même ; car les Indous, étant divisés par castes, ne peuvent rien toucher de ce qui a servi à des personnes d'une autre caste que la leur.

Après avoir passé à Pardy et à Deman, notre voyageur parvint à Danou, village enlevé aux Portugais par les Marates, mais où la religion chrétienne est toujours exercée librement et publiquement. On y célébrait des fêtes à l'occasion de quelques mariages, et les brames de la plus haute classe, que la curiosité attirait soit à la porte de l'église, soit aux divertissements, s'y tenaient avec la plus grande décence. Les pagodes attirèrent les regards de M. de Pagès; il y vit des statues grotesques regardées comme des emblèmes de la divinité, et des idoles qui sont en vénération, parce qu'elles rappellent quelque bienfait reçu de Dieu.

Le 12 novembre, il se remit en route, traversa Trapor, Mahim, et séjourna à Agassein. Il visita les environs de cette ville, qui, outre un grand nombre de productions, fournissent des palmiers sauvages dont la sève donne une boisson assez bonne, avec laquelle on fabrique de l'eau-de-vie. On boit de l'eau de citerne; néanmoins il est des personnes charitables qui ont fait creuser des puits, pour l'entretien desquels elles ont aussi établi des fonds. Les maisons de campagne sont construites en bambous, enduites de limon et recouvertes en feuilles de palmiers.

Les maisons de ville ont trois étages ; chaque étage est composé de trois gradins en amphithéâtre, sur le plus haut desquels on trouve des deux côtés deux petits cabinets où l'on renferme ce qu'on a de plus précieux. Au milieu de ce dernier gradin est un grand espace où sont étendus des tapis qui servent à recevoir la compagnie. Sur le premier gradin est ordinairement un bassin d'une assez grande dimension. La face du bâtiment est ouverte et soutenue en-dedans par des colonnes ; au-dehors, une galerie entoure le mur qui ferme les trois autres côtés ; les bassins sont remplis par des puits à roue, qui s'élèvent depuis le rez-de-chaussée jusqu'au premier étage. Le pavé de ces maisons est composé de pierres molles, pilées et liées avec du plâtre, de l'huile et des blancs d'œufs. Ce pavé, bien battu, est tellement uni qu'il ne forme qu'une même pierre d'un vernis très luisant ; le haut de la maison est en terrasse et pavé comme le reste des appartements.

Le 6 décembre, le chevalier de Pagès se rendit à Bassein, et de là à l'île de Saleet, qui a huit lieues de longueur. Durant son séjour dans l'Inde, il suivit exactement la manière de vivre des brames : il habitait à la campagne ; du riz, des fruits et des herbages qu'il cueillait dans son jardin et qu'il apprêtait lui-même, composaient toute sa nourriture ; deux pièces de coton formaient son vêtement journalier : il en portait une sur les épaules et l'autre à la ceinture ; il avait laissé croître sa barbe et marchait la tête et les pieds nus ; son vêtement de cérémonie était une longue robe blanche composée d'un corset cousu à un jupon, le tout ouvert par devant, croisé par son ampleur et plissé à la ceinture ; un turban et des souliers à la mauresque complétaient son costume ; il passait son temps à lire, à se promener, ou à travailler dans son jardin ; quelques chèvres et quelques volailles qu'il avait achetées contribuaient à son amusement ; enfin, il dormait sur des nattes dont la fraîcheur lui procurait un doux sommeil.

Le 19 mars 1770, il fut de retour à Surate. Cette ville est riche et commerçante ; l'aisance des habitants s'annonce par la multitude des palanquins et des carrosses, et par le nombre des domestiques et des cipayes ; car tout particulier a le droit de soudoyer des gens armés. Les cabriolets maures y sont aussi communs, aussi commodes, aussi lestes que dans nos capitales ; ils sont traînés par des bœufs accoutumés à aller au galop ; les bambous, qui composent le timon et le train de cette espèce de voiture, suppléent, par leur élasticité, à nos soupentes.

On peut juger de l'opulence des commerçants de Surate par celle de l'armateur propriétaire du vaisseau sur lequel s'embarqua M. de Pagès. Quoique son commerce fût diminué de moitié, cet armateur possédait dix gros vaisseaux armés en guerre, et il les donnait à fret à des Anglais; il avait des esclaves tant pour facteurs dans ses différents comptoirs, que pour subrécargues, capitaines et officiers de détail des vaisseaux où il chargeait pour son compte; il arborait sur ses navires son pavillon particulier; il avait à Bassora une factorerie également avec son pavillon, et possédait en toute souveraineté une île considérable sur l'Euphrate. Son commerce s'étendait dans toute l'Inde, depuis la Chine jusqu'à Bassora. Sa maison avait au moins cent esclaves supérieurs, qui en avaient d'autres à eux. Lorsqu'il sortait en cérémonie, il était sur un éléphant, environné de ses parents à cheval ou en palanquin, et escorté de nombreux domestiques; deux cents cipayes le précédaient, et une bruyante musique terminait sa marche.

Le navire sur lequel devait monter M. de Pagès étant prêt à mettre la voile, il se rendit à bord, et partit pour Bassora le 20 avril 1770.

Après treize jours de navigation, on toucha à Masurte, ville mal bâtie, dominée par des montagnes qui l'entourent du côté de la terre et qui ne la laissent communiquer avec le reste de l'Arabie que par une gorge très étroite dont le sol est rocailleux, escarpé, en sorte que cent hommes pourraient y arrêter une armée entière. Après avoir appareillé pour le détroit d'Ormuz, on louvoya huit jours, afin de dépasser les îles d'Ormuz et de Mamouth.

On entra ensuite dans le golfe Persique, où régnaient alors les vents du nord-ouest, ce qui en rendait le passage fort dangereux ; enfin on relâcha à Bender-Aboucheir, puis à l'île de Careith, où l'on fit de l'eau ; après quoi on se dirigea vers l'embouchure de l'Euphrate. L'ignorance des pilotes fit qu'on n'y arriva qu'avec beaucoup de peines, après avoir passé sur divers bancs et avoir même échoué deux fois. Quand on eut remonté ce fleuve dans un espace de quarante lieues, on mouilla devant Bassora. Ayant pris les renseignements les plus circonstanciés sur les productions, les habitants et le commerce de cette ville, le chevalier de Pagès profita d'une caravane de Bédouins, qui allait vendre de jeunes chameaux à Alep. Lorsqu'il eut appris ce que lui coûterait le loyer d'un chameau pour lui, le port de ses effets et de son eau, et le service d'un Arabe qui devait lui apprêter à manger, il courut chercher ses effets qu'il avait laissés à bord, il s'habilla à la turque, remercia le consul de France qui avait traité pour lui avec les Bédouins, et, dans la compagnie de huit de ces Arabes, il monta pour la première fois de sa vie sur un chameau. Vers le soir, il joignit la caravane, avec laquelle il se mit en route le lendemain. Au bout de sept jours de marche, il découvrit un camp d'Arabes, et reçut un mouchoir pour mettre sur sa tête, et une abe, espèce de sac de laine qui, par la manière dont il est tissu, n'est pas moins impénétrable à la pluie qu'aux rayons du soleil. A l'approche de la caravane, les Arabes campés firent sortir plusieurs de leurs guerriers, qui, la lance à la main, coururent sur les voyageurs : ceux-ci, sautant alors à bas de leurs chameaux, allèrent au-devant d'eux. Les deux partis s'entremêlèrent, en feignant de combattre et en poussant de grands cris. Ensuite, une partie de la caravane fut introduite dans le camp, et tout rentra dans la plus profonde tranquillité. M. de Pagès se dirigea aussi vers ce camp. Lorsqu'il en fut à quarante pas, il rencontra un Arabe qui le salua poliment, le conduisit dans sa tente, et, pour lui faire honneur, lui donna la place du fond.

Cet Arabe était forgeron, il avait un petit fourneau qu'il chauffait avec du charbon fait avec des racines que fournissent les ronces du désert; quatre peaux, en forme de vessie, que des enfants soufflaient, lui servaient à allumer son feu. Sa tente, comme toutes les autres, était partagée dans sa longueur, une moitié était occupée par les hommes, l'autre par les femmes, qui travaillaient de la laine. Notre voyageur alla ensuite visiter les puits autour desquels les tentes sont dressées, et qui ne sont que des trous faits en terre sans revêtement; l'eau n'est qu'à six pieds de profondeur. Il jeta encore un coup d'œil sur le reste des tentes, et il s'aperçut qu'elles étaient toutes ouvertes du côté opposé au vent qui, six mois, souffle du même côté. Quoique les étrangers soient fort rares dans cette contrée, qui est au milieu du désert, ni les hommes ni les enfants ne montraient la moindre curiosité à la vue de l'étranger qui venait observer leurs demeures.

Cependant, après avoir fait de l'eau, la caravane se remit en marche. Quatre jours après elle arriva à un lac d'une puanteur insupportable, mais il fallut cependant s'approvisionner. Non loin de là, sur une butte formée de main d'homme et haute d'environ vingt pieds, s'élevait un château à trois tours. Du haut des murailles de cette forteresse abandonnée, le chevalier de Pagès sentit encore les restes d'un vent lourd et échauffé par la réverbération du sable ; il vit le soleil se coucher pâle et rougeâtre ; il contempla l'aspect grisâtre, uniforme, que lui offrait le désert, et que ne pouvaient égayer ni des herbes de quatre pouces ni des ronces d'un pied et demi. Le jour suivant, on se remit en chemin. Après cinq jours de marche, on aperçut, vers le soir, douze Arabes avec leurs chameaux ; le chef de la caravane les fit poursuivre à coups de fusil, et ils s'enfuirent en abandonnant du linge, des outres et des massues. Le lendemain, à midi, l'on vit venir un cavalier avec lequel on parlementa et qui se retira au bout d'un quart d'heure. Les compagnons de notre voyageur préparèrent alors leurs armes et poursuivirent leur route. Bientôt après arrivèrent cinq cents hommes tant cavalerie qu'infanterie. La caravane n'en avait que cent cinquante à leur opposer. Cependant, le chef qui la commandait fit accroupir les chameaux réunis et serrés les uns contre les autres ; à deux cents pas en avant, il plaça les fusiliers, et posta les lanciers à vingt pas d'un pavillon bleu, orné de caractères blancs, qu'il avait arboré au coin de la caravane du côté de l'ennemi, et que soutenait le reste des Arabes armés de sabres et de massues.

Après ces dispositions, il attendit de pied ferme ses adversaires. Ceux-ci fondirent sur ses troupes en tirant des coups de fusil, et rétrogradèrent quand ils furent attaqués ; ils continuèrent cette manœuvre jusqu'à la nuit, et la passèrent sans renouveler leurs hostilités. La caravane l'employa à poster des troupes, à pousser des reconnaissances, et à se réjouir. Dans la journée du lendemain, on négocia beaucoup plus qu'on ne combattit. La nuit étant survenue, on disposa tout pour une prompte fuite. Le conducteur de M. de Pagès lui fit abandonner ses provisions les plus embarrassantes, répartit les autres sur divers dromadaires, l'avertit de se bien tenir sur le sien, et lui annonça qu'on allait se mettre en route.

A quatre heures du matin, notre voyageur fut invité à monter sur son dromadaire, et la caravane partit aussitôt comme un éclair en revenant sur ses pas. Qui pourrait cependant exprimer les souffrances qu'éprouva M. de

Pagès durant cette fuite précipitée? Perché sur sa monture comme sur une table, les mouvements qu'elle lui donnait étaient d'une insupportable violence, et répondaient jusqu'à ses poumons. Ses deux mains lui servaient d'arcs-boutants en avant et en arrière ; mais le froissement les avait déchirées, et ses nerfs n'avaient plus de ressort ; vingt fois il fut au moment de lâcher prise. Enfin, six Arabes avec lesquels il était parti de Bassora l'entraînèrent loin de la caravane, lui firent contourner au large l'espace qu'il venait de quitter, et le remirent dans sa route. Bientôt son dromadaire broncha, renversa sa charge, et le jeta assez loin. Un Arabe, qui était près de lui, faisant accroupir sa monture, le reçut en croupe derrière lui. Notre voyageur perdit en cette circonstance une partie de ses effets et tous ses vivres. Il voulut récompenser l'Arabe qui, en le prenant sur son dromadaire, s'était exposé à périr pour lui conserver la vie ; mais ce ne fut qu'avec la plus grande peine qu'il réussit à lui faire agréer quatre piastres, seule somme dont il pût disposer. Cet Arabe et les cinq autres, prenant sur les vivres dont ils s'étaient munis, le nourrirent avec des gâteaux d'orge, cuits sous la cendre ou sous le sable réchauffé, et broyés ensuite avec des dattes et du beurre fait avec le lait de la femelle du chameau; et la portion qu'ils donnaient au voyageur français était toujours plus forte que la leur.

Cependant, ce malheureux voyageur était rendu de fatigues et de souffrances; il était couvert de plaies aux endroits qui lui servaient à s'accrocher sur le bât de sa monture; et, comme les secousses rejetaient ce bât, le cavalier demeurait souvent sur la bosse du dromadaire. Aussi, cet infortuné cavalier ne pouvait-il plus faire usage de ses nerfs; ses mains s'agitaient comme les touches d'un clavecin; il avait perdu l'appétit indispensable au rétablissement de ses forces, et la célérité de son voyage l'empêchait de se livrer au sommeil. Enfin, après un long trajet au milieu du désert où il faillit mille fois tomber entre les mains de hordes ennemies, il parvint à des montagnes qu'il franchit, puis à un pays bien cultivé, et enfin à Damas, où il fut parfaitement reçu par les jésuites, qui l'y logèrent durant cinq jours.

Le 9 du mois d'août, il poursuivit sa route pour se rendre à Baruth, sur les bords de la Méditerranée, et il y parvint après avoir traversé le fertile vallon de Béca, les montagnes du pays des Druses, et une plaine fort bien cultivée. Quand il se fut reposé, à Baruth, chez les capucins, il en repartit pour aller visiter le Quesrouan, et il ne tarda point à arriver à Jelton. Il s'y arrêta chez un cheick ou seigneur, issu de la famille qui gouverne le Quesrouan. Il y fut accueilli fort amicalement par ce prince, à qui les jésuites l'avaient recommandé. Il passa tout le temps de son séjour dans ce canton chez différents cheicks, qui lui donnaient des collations, et dans leurs assemblées qui se tenaient sous des arbres; là on s'occupait d'une conversation amusante, à laquelle succédaient une lecture pieuse et la récitation des prières. Toutes les autres parties du Quesrouan eurent aussi part aux excursions du chevalier de Pagès.

De Jelton il se rendit au Masra, village près duquel il admira les ruines d'un ancien édifice qui, d'après l'inscription grecque placée à l'un de ses angles, paraît avoir été construit trois cent douze ans avant l'ère vulgaire, en s'en retournant, il prit une autre route et passa sur une arche naturelle, large de quarante pas, longue de quatre-vingts et élevée d'environ cent pieds au-dessus d'un torrent dont elle facilite le passage. A Agousta, il visita le patriarche d'Antioche, dont il fut reçu très poliment, et il revint ensuite à Baruth, après dix jours d'absence. De là, il passa à Seyde, où il espérait s'embarquer sur un navire français. Trompé dans son attente, il céda aux sollicitations du consul français de cette Echelle, et accorda quelque temps aux soins qu'exigeait sa santé, délabrée par tant de courses et tant de fatigues.

Lorsqu'il se fut rétabli, il visita les environs de Seyde, et recueillit sur cette contrée, comme tout le reste de la Syrie, les documents les plus précieux. Les mœurs et les usages qui s'y conservent rappellent ceux des Israélites. Les *tannours* ou fours cylindriques des Syriens, et les *tantouras*, ou coiffures en cônes d'argent que portent les femmes druses, ne sont que les fours des Juifs et la mître de Judith. Les troupeaux des Arabes, soit dans les déserts, soit dans les cantons cultivés, sont guidés et ramenés la nuit comme l'étaient ceux de Laban. On ne compte en Syrie que cinq ordres de citoyens : les princes, les commandants, les paysans riches, les commerçants et les pauvres. Les membres de ces cinq ordres ne peuvent en sortir que pour descendre dans un rang inférieur sans perdre pour cela de la considération qui leur est due. Les membres de ces ordres vivent entre eux d'égal à égal, et ne se distinguent que par la beauté de leurs armes et de leurs chevaux.

Pendant son séjour chez les Druses, le chevalier de Pagès assista aux funérailles de quelques-uns des leurs. Peu d'heures après le trépas, on expose sous une tente le corps du défunt, qui est vêtu et armé comme s'il était vivant. Les femmes environnent le corps et l'arrosent de leurs larmes; les hommes restent en silence un peu au loin, après avoir fait retentir le vallon par leurs cris mâles et lugubres, afin que la nouvelle passe chez ceux de leurs parents et de leurs amis qui habitent les villages voisins. Ceux-ci accourent par troupes, et, dès qu'on les voit venir, les parents vont au-devant d'eux avec le corps qu'ils promènent à quelque distance autour du village, en exprimant leurs regrets par de grands cris et des sanglots. On rapporte ensuite le corps sous la tente, où les femmes reprennent leurs places, et la même cérémonie recommence à chaque nouvelle troupe qui arrive. On garde ainsi le corps jusqu'au lendemain; alors on s'en empare après l'avoir enfermé dans un cercueil. Un prêtre, ou un Druse, suivant la religion du mort, récite des prières à demi-voix. L'enlèvement du corps a lieu malgré les cris et l'opposition des femmes, qui paraissent ne pouvoir se résoudre à s'en séparer. Les hommes gardent un morne silence et regardent avec tristesse tout ce qui se passe. Les parents les plus proches rentrent dans la maison en pleurant, et le reste des hommes accompagne le corps jusqu'à la tombe. Après l'enterrement, les habitants du village se distribuent les étrangers pour les régaler et s'attendrir au souvenir du défunt.

Quant aux différends qui s'élèvent, les cheicks les terminent ordinairement à l'amiable. Si l'on ne veut pas s'accommoder, on a recours au grand émir, qui juge souverainement dans les montagnes, excepté lorsqu'il s'agit de discussions qui concernent les possession du Quesrouan, la maison de Gazen qui en a la propriété, ou les émirs subalternes qui se gouvernent eux-mêmes. Pour toute punition, on se borne à envoyer garnison chez le coupable, à brûler ses maisons, ou à dévaster ses biens. On attente rarement aux personnes. Aucun habitant ne sort de sa demeure sans être armé de son poignard, et ne s'en éloigne sans son fusil et ses pistolets. Un homme insulté se défait de son ennemi dès qu'il peut lui tirer un coup de fusil. Il est rare et honteux de donner une fille en mariage à tout autre qu'à l'un de ses parents ; quiconque le tenterait périrait.

Les dissensions entre les émirs et les cheicks ne sont jamais sanglantes. Il arrive souvent que les armées des deux rivaux voient, sous les bannières opposées, des parents et des amis qu'ils n'ont nulle envie de combattre. Ces armées se rangent en face l'une de l'autre ; les cheicks et les principaux paysans disent leur avis, tous les autres font de même ; des projets d'accommodement sont proposés ; si les chefs les rejettent, ils se brûlent mutuellement leurs mûriers, et chacun rentre chez soi sain et sauf.

Les Druses sont généralement redoutés des étrangers : à la voix de son émir, un habitant des montagnes va souvent de sang-froid assassiner un ennemi au milieu de sa ville, ou même de ses troupes.

Tels et plus nombreux encore sont les intéressants détails qu'obtinrent au chevalier de Pagès dix mois de courses et de séjour dans les montagnes de la Syrie. De là, il se rendit à Saint-Jean-d'Acre, à la fin du mois d'août 1771, et s'y embarqua pour Marseille, où il arriva le 5 décembre de la même année.

Ainsi un simple particulier, sans autre secours que celui de sa fortune, sans autre appui que son courage, conçut et exécuta le projet de faire seul le tour du monde, en observant et notant avec une attention scrupuleuse tout ce que la géographie, tout ce que l'histoire naturelle, tout ce que la politique auraient intérêt à connaître et à retenir.

Nous l'avons vu : pour atteindre à ce but, rien ne lui a coûté ; ni travaux, ni fatigues, ni dangers, rien n'a pu l'abattre ; et, pour amortir sa noble et généreuse ardeur, les difficultés sans cesse renaissantes que lui opposèrent les fleuves de l'Amérique ont été aussi impuissantes que les périls qu'il eut à braver, les tourments qu'il eut à subir au milieu des sables de l'Arabie.

Que si le chevalier de Pagès n'a pas été récompensé de tant d'efforts par le renom qu'aurait dû lui mériter une si belle entreprise, il en obtint du moins le seul prix qui fût digne de toucher son grand cœur, lorsque le gouvernement le chargea de se joindre en 1773 à une expédition qui avait pour but d'aller reconnaître les terres australes; plus tard, le chevalier de Pagès s'est acquis de nouveaux droits à la reconnaissance des savants, par un voyage dans la mer Glaciale. Il a donné une relation complète de ces deux expéditions.

Dans la première, il traça une carte des îles

qui furent reconnues à cinquante degrés de latitude, et fit diverses observations sur les longitudes de la chaleur, sur le poids de l'eau de la mer, sur les Hottentots et les Malgaches, sur les animaux et les productions des contrées habitées par ces peuples, sur la manière de former des établissements utiles dans la grande et belle île de Madagascar, enfin sur le régime propre à conserver la santé des équipages dans les climats malsains.

La dernière de ces expéditions était la plus désagréable : une navigation de trois cents lieues fournit au chevalier de Pagès de curieuses remarques sur la constante élévation du baromètre, sur les baleines et quelques autres poissons, sur la déclinaison de l'aimant, sur la dessalure de l'eau de mer par l'intensité du froid, sur la pesanteur de cette eau depuis le cinquantième degré de latitude sud jusqu'au quatre-vingt-deuxième de latitude nord, sur la position de l'île de Jean Mayen nécessaire aux navigateurs pour redresser leur route au débouquement des glaces, sur le mouvement de ces glaces, leur dérive et leur formation, enfin sur les vents de la zône glaciale comparés à ceux de la zône torride.

Voilà quels furent les fruits de ses deux derniers voyages. Ainsi, dans quelque contrée lointaine que l'ait poussé son avide désir de s'instruire, il a toujours su contribuer à l'avancement des connaissances humaines; et sa constante persévérance à tout rechercher, son inépuisable ardeur de tout connaître, son infatigable attention à tout observer, soumises à de si longues et si rudes épreuves, rendront sans cesse le nom du chevalier de Pagès cher à tous ceux qu'intéressent et les progrès de la science et la réputation de notre marine.

FIN.

LIMOGES ET ISLE,
Imprimeries de Eugène Ardant et C. Thibaut.

www.ingramcontent.com/pod-product-compliance
Lightning Source LLC
Chambersburg PA
CBHW070522100426
42743CB00010B/1919